Claude Gutman

Das leere Haus

Claude Gutman wurde 1946 in Haifa im damaligen Palästina geboren. Heute lebt er in Paris, wo er Literatur unterrichtet. Seit 1981 hat er einige vielbeachtete Bücher für Erwachsene geschrieben und wurde mit mehreren Preisen ausgezeichnet.

Claude Gutman

Das leere Haus

Aus dem Französischen von
Bettina Wiengarn

Otto Maier Ravensburg

Deutsche Erstausgabe
als Ravensburger Taschenbuch Band 4088,
erschienen 1992

Die Originalausgabe erschien 1989
bei Editions Gallimard
unter dem Titel »La maison vide«

Umschlagillustration: Katja Pfleger

Gesamtherstellung: Ebner Ulm
Printed in Germany

5 4 3 2 1 96 95 94 93 92

ISBN 3-473-54088-9

Für alle ermordeten Kinder,
überall auf der Welt . . .

Für Louba und Boris Pludermacher

Für meine Kinder Colas, Olivier, Anne;
sie geben die Erinnerung weiter

Für Montreuil-sous-Bois, die Stadt,
die mich aufnahm

„Die mit Wucht hereinbrechenden Ereignisse,
die Leiden en bloc, wecken die Vorstellungskraft
oder das Mitleid nur unvollkommen und
auf abstrakte Art. Damit unsere Zärtlichkeit
oder unser Entsetzen lebendig wird,
brauchen sie ein Einzelbeispiel. Wir sind
so gemacht, daß das Gesicht eines
weinenden Kindes uns mehr berührt,
als zu erfahren, daß eine ganze Provinz
Hungers gestorben ist."

Joseph Kessel

7

Das Grimassenschneiden half mir nichts: Jeden Abend, ohne Ausnahme, rollte ich meinen Schlafanzug unter den Arm, kletterte zwei Etagen hinauf und klopfte wie vereinbart sechsmal bei den Bianchottis. Sie öffneten mir die Tür mit einem Lächeln, umarmten mich und führten mich in das Zimmer ihres Sohnes. Kein Lächeln mehr, sobald Madame Bianchotti den Türknauf drehte. Es war das heilige Zimmer, so belassen wie am Tag seines Weggangs. Es muß gesagt werden, daß er niemals zurückkehrte und daß in einer von zwei Gendarmen überbrachten Nachricht stand: „Er starb für Frankreich", mit einer schönen Medaille und einem Diplom. Auch die Bianchottis sind niemals zurückgekehrt. Sie hatten Tage um Tage geweint. Madame Bianchotti war sogar die beiden Etagen herabgestiegen, um sich in Mamas Arme zu werfen. Sie kümmerte sich dabei weder um die Nähmaschine noch um den Saum, der garantiert noch mal gemacht werden mußte.

Sie fiel schreiend in Mamas Arme:

– Aber er war so jung ... so jung ... Sagen Sie, Madame Grunbaum, daß das unmöglich ist. Sagen Sie, daß er wiederkommt ...

Sie hat wieder angefangen zu weinen. Und Mama weinte und drückte sie an sich. Und ich weinte. Papa hätte es auch gerne getan, aber an seinem Schneidetisch hatte er die Tränen bereits getrocknet und kam, um Madame Bianchotti zu trösten. Seine Worte nützten angesichts der Heulerei gar nichts. So hat er nur die Hand auf Madame Bianchottis Schulter gelegt und sehr fest gedrückt. Und auf Jiddisch hat er Mama darum gebeten, Tee zu machen, weil das Madame Bianchotti vielleicht beruhigen würde. Dann wandte er sich zu mir:

– Weißt du, David, der Krieg ist eine große Schweinerei. Die schlimmste Schweinerei von allen.

Er ging zu seinem Schneidetisch zurück.

Madame Bianchotti hat es nie geschafft, ihre Tränen zu trocknen. Sie hat sie mit ihrer Einholtasche in das ganze Viertel und in alle Schlangen vor den leeren Geschäften getragen. Monsieur Bianchotti dagegen hat weder geweint noch geschrien. Er ist völlig verstummt und hat keinen Fuß mehr nach draußen gesetzt. Er verbrachte die Tage vor dem Foto seines Sohnes, das in einem Rahmen auf dem Kamin des Zimmers stand, in das ich jeden Abend kam, ohne Ausnahme, mit meinem Schlafanzug unter dem Arm.

Vorher hatte ich ganz normal zu Hause geschlafen, in meinem Bett. Mama umarmte mich, Papa umarmte mich. Und im Dunkeln dachte ich an das, was ich wollte. An meine guten oder schlechten Noten, daran, daß Dugrant die Fresse poliert worden war, weil er gepetzt hatte, daß Rebérioux beim Aufsatz mogelte ... *Mein* Bett. *Mein* Zimmer. *Meine* Bücher. *Meine* Lampe: Alles an einem Tag verloren, um mich im Zimmer des Toten wiederzufinden. Madame Bianchotti hatte nur ein Klappbett für mich hereingestellt, das beim Aufstellen knarrte und das weiterknarrte, wenn ich im Bett die Augen aufbehielt. Falls der Tote unvermutet wiederkam, um seinen Platz zurückzufordern. Spätes, mühsames, unerträgliches Einschlafen. Und Madame Bianchotti hatte sich doch für mich geopfert und mir ein Mauseloch in ihr Museum gegraben, das sie zweimal pro Woche bohnerte. Niemals habe ich es betreten, ohne in die Gleitschuhe zu schlüpfen. Gern wäre ich gerutscht, aber der kleine Tisch, der Bettüberwurf aus Spitzen und der über dem Bett aufgehängte Christus jagten mir solche Angst ein, daß ich niemals mehr als einen halben Tanzschritt wagte. Bloß nicht bewegen, damit das Gespenst nicht auf meine Gegenwart aufmerksam wird. Anschließend vermeiden zu atmen. Und nachdenken, ohne aufzuhören, bis zum Umfallen nachdenken. Ich dachte darüber nach, daß der Tote vielleicht gar nicht tot war. Oder sah die Bombardierungen von der Wochenschau im Kino wieder, aus der Zeit, als die Maginot-Linie noch unüberwindbar war. Wenn er schon tot war, dann stellte ich ihn mir lieber mit zwei roten Löchern auf der rechten Seite vor, wie in dem Gedicht von Rimbaud, das wir in der Schule gelesen hatten und in dem Rimbaud einen Spaziergang auf dem Land macht. Ich sah ihn lieber so, Bertrand Bianchotti, der so viel mit mir gespielt hatte, als ich klein war. Und den ich manchmal mit dem Eimer in der Hand im Treppenhaus traf, den er im WC auf halber Treppe leeren ging. Er wollte Automechaniker werden. Er hatte seine Lehre begonnen, und geendet hatte alles mit „er starb für Frankreich". Ein hübsches Diplom. Es scheint, daß er auf eine Mine getreten ist. Aber wie dem auch sei, ich werde ihn nie mehr wiedersehen, genausowenig wie seinen Vater und seine Mutter. Und sein Diplom wird niemals zu etwas nütze sein.

Es war vorher . . .

Auch ich hatte eine Medaille gewonnen, zusammen mit meiner ganzen Familie. Eine Medaille aus gelbem Stoff in Form eines Sterns, der fest angenäht auf der linken Seite zu tragen war. Schwarze Konturen, und schwarz auch das JUDE, damit es mehr auffiel. Damit er auch fest angenäht war, hatte Mama ihr bestes Garn benutzt. So war alles nach Vorschrift.

– Man muß immer die Vorschriften befolgen, sagte Papa. Frankreich ist das Land der Freiheit. Und wenn man die Vorschriften befolgt, hat man nichts zu befürchten. Das französische Gesetz hat die Juden immer beschützt, außer Dreyfus vielleicht, aber das war ein historischer Irrtum. Und außerdem haben sie es wieder in Ordnung gebracht. Also muß man immer die Vorschriften befolgen.

Papa, in dessen Augen der Schalk blitzte. Papa mit seinem Haarkranz. Ich liebte ihn, wenn er Französisch sprach, wenn er beim Zeitunglesen den Wörtern mit dem Finger folgte und mich dann, über ein Wort stolpernd, zu Hilfe rief.

– Schon wieder meine Brille. Sie ist zu schwach! Komm her und sieh, David.

Du warst so stolz darauf, Franzose zu sein, daß deine Frau es war und daß dein Sohn dem ganzen Schrecken, den du erlebt hattest, entging. Franzose: Das hieß etwas so Starkes, so Tiefes.

Manchmal hast du aus dem Schrank im Eßzimmer unsere Naturalisierungsakte geholt und sie wie einen Glücksbringer geküßt. Nur drei auf ein Stück offizielles Amtspapier geschriebene Namen. Du hast sie Mama gezeigt. Du hast sie mir gezeigt.

– Erinnere dich daran, David, du bist Franzose. Franzose.

Und ich sah dich an mit dem Glück, in deinen Augen jene kindliche Freude zu lesen, die für einige Sekunden die namenlose Hilflosigkeit wettmachte, die du in dir trugst, seit . . .

Das ist eine andere Geschichte, und ich will sie erzählen.

– Die Polen waren alle Antisemiten, Hunde, Wilde, Dreck, mein Sohn. Das mußt du wissen, das muß die ganze Welt wissen . . .

– Laß ihn doch, sagte Mama. Du siehst doch genau, daß das nichts für sein Alter ist.

Aber ich saß auf Papas Knien, und er erzählte mir. Das war mein ganz persönliches „Rotkäppchen“, nur daß am Ende kein Jäger da war, der den Bauch des großen bösen Wolfs öffnete und das kleine Mädchen und die Großmutter rausholte. Es gab nichts, was alles wieder in Ordnung brachte. Dafür genug, um zu weinen und Alpträume zu haben.

– Das mußt du wissen. Die Polen …

Papas Stimme brach. Er erzählte.

– Dein Vater ist alt, David. Es ist besser, jüngere Eltern zu haben. Aber du bist das einzige Kind, das mir bleibt. Die anderen …

Seine Stimme wurde unhörbar. Trotzdem kannte ich die ganze Geschichte. Sein Blick richtete sich auf mich. Er drückte mich mit aller Kraft an seine Brust. Er sah Mama mit solcher Liebe an, daß die ganz tief in seiner Kehle steckende Geschichte noch furchtbarer wurde.

Es war einmal, weit, weit weg auf den farbigen Geographieatlanten, nahe bei der Sowjetunion, ein ganz kleines, weit abliegendes Dorf, fast von der Welt abgeschnitten. Von Zeit zu Zeit kam ein Hausierer vorbei, der die Nachrichten aus den Nachbardörfern und aus der großen Stadt brachte. Er verkaufte auch Zeitungen, und das ganze Dorf erfuhr mit Verspätung die Neuigkeiten von anderswo. Aber was nutzte das? Sie waren arm und blieben es. Aber sie träumten vom großen Schiff, das sie nach Amerika bringen würde, wo die Ärmsten der Armen eines Tages die Könige der Reichen werden konnten. Amerika! Amerika! Aber Papa pfiff auf Amerika. Er war schon damals

Schneider, mit seiner Nähmaschine unter freiem Himmel. Auf einem Foto sieht man ihn mit seiner Frau Rachel und seinen drei Kindern. Ja, das war die Geschichte. Ich bin also erst das vierte Kind, und Mama ist die zweite Frau von Papa. Von seinen anderen Kindern, seiner ersten Frau redete Papa oft in seinen Alpträumen. Er schrie ihre Vornamen: „Isaak, Elie, Sarah“, meine unbekannten Geschwister. Er schrie auch: „Rachel! Rachel! Nein, nein, aufhören, nicht das, nicht das!“ Und er wachte auf, aufrecht in seinem Bett sitzend und schweißüberströmt, erschöpft, verwirrt, mit Mama an seiner Seite, die ihn beruhigte wie ein Kind.

– Es ist nur ein böser Traum, Lazare.

Aber Lazare, Mama und ich wußten, daß der Alptraum wahr war. Daß eines Tages, ohne daß irgend jemand darauf gefaßt war, eine Bande von Polen – alles Antisemiten – nachts in das Dorf gekommen war und daß die Gebete des Rabbis sie nicht aufhalten konnten. Eine Horde betrunkener Männer mit Äxten, Säbeln, Messern, Jagdgewehren waren im Schein von Fackeln in die Häuser eingedrungen. Zuerst hatten sie die Synagoge angezündet, und als die Leute herauskamen, um das Feuer zu löschen, haben sie „Judenhunde“ geschrien und angefangen, sie niederzumetzeln. Dann haben sie die Türen eingeschlagen. Niemand konnte etwas gegen ihre Raserei tun.

– Hör auf, Lazare, du weißt genau, daß das nichts für sein Alter ist!

– Er *muß* es wissen. Er *muß* es für seine Kinder wissen. Er wird es ihnen erzählen, damit das nie wieder anfängt. Er wird es ihnen sagen, du wirst sehen ...

Mama wußte, daß er recht hatte. Sie ging und überließ uns unserer Geschichte, ewig dieselbe, ohne daß ein Wort verändert wurde. Ein Bild aus dem Geschichtsbuch, wo Papa im Vordergrund stand, vor den Flammen und dem Rauch der brennenden Synagoge. Mit ihren Äxten haben die Polen die Tür eingeschlagen, und vor Papas Augen haben sie kaltblütig seine Frau Rachel und die Kinder, Isaak, Elie, Sarah, hingemetzelt. Dann haben sie Papa auf der zertrampelten Erde des großen Zimmers halbtot liegenlassen.

Sie haben Kinder wie mich getötet, die nur ein einziges Verbrechen begangen hatten: Sie waren als Juden geboren worden, einfach nur als Juden.

Ja, ich habe meinen Vater weinen sehen. Ich habe gesehen, wie er sich seiner Tränen nicht schämte. Und trotzdem war er ein Mann. Ich saß auf seinen Knien, ein kleiner Kerl, unfähig, meinen Vater zu trösten. Aber wie soll man das Untröstliche trösten? Und ich weinte auch, während wir beide, eng umschlungen, jeder auf seiner Seite, diese Szene von einigen Minuten wiedersahen, wo das Blut auf der staubigen Erde trocknete, wo drei massakrierte Kinder lagen und Rachel, die erste Frau meines Vaters.

Mama riß mich aus Papas Armen. Sie drückte mich fest. Ich schmiegte mich an sie. Papa hatte seine Tränen getrocknet und konnte fortfahren.

– Als ich aufwachte, blutete mein Kopf, aber ich

lebte. Lebte, hörst du. In dieser Nacht sind fünfzig Juden gestorben. Fünfhundert sind davongekommen. Warum ich? Sag, warum ich? Wenn du die Schreie im Dorf gehört, wenn du all die kaputten Häuser gesehen hättest ... Ich bin sicher, du hättest dasselbe getan wie ich.

– Ja, sicher. Ich hätte dir sogar dabei geholfen.

Er hat seine Frau und seine toten Kinder angesehen. Er hat sie umarmt, sie mit seinem eigenen Blut getränkt. Dann hat er angefangen, gegen Gott zu brüllen. Er brüllte wie verrückt, während sich im Dorf nach den Schreien tiefste Verzweiflung breitmachte. Scheißgott! Unfähig, die Seinen zu schützen! Elender Gott, der die kostbarsten Wesen wie Hunde krepieren ließ! Gott, der die Henker seit Generationen und Generationen walten ließ! Gott, auf den zu vertrauen nicht mehr in Frage kam. Der Rabbi hat versucht, Papa wieder zu Vernunft zu bringen, sagte, es sei eine Prüfung des Allmächtigen. Als Antwort hat er Papas Faust auf die Nase bekommen. Ohne irgend etwas hat Papa das Dorf verlassen, allein auf der Straße, mit einigen Fotos auf seinem Herzen, Tränen im ganzen Körper und der Nähmaschine auf seiner Schulter.

– Ich bin geflohen. Und ich bin sicher kein Feigling. Was sollte ich tun? Nein, mein Sohn, das Leben ist immer stärker. Heute weiß ich das. Immer stärker. Deine Mutter kann es bestätigen.

Sie bezeugte es mit einem liebevollen Blick auf Papa. Nur ein Blick.

Und dann kam die Geschichte wieder in Gang, wie im „Tapferen Schneiderlein“, mit vielen Episoden. Wie Papa nach Frankreich gekommen war. Jeden Abend hatte ich das Recht auf ein Stück Weg. Eine Etappe in Danzig, wo Gauner ihm seine Ersparnisse stehlen: Sie versprechen ihm, ihn heimlich auf einem Frachter nach Argentinien zu bringen. Papa hat bezahlt. Abends am Hafen ein heimliches Treffen. Einschiffung auf einem Ruderboot, das losmacht, einmal um den Hafen fährt und wieder anlegt. Sofort schlagen etwa zehn mit Knüppeln bewaffnete Gauner auf das gutgläubige Vieh ein und schreien:

– Schnell, schnell, die Polizei. Sie sind hinter uns her.

Alle finden sich auf dem Kai wieder. Die Kleinen weinen, und die Gauner sind abgehauen. Aus der Traum von Argentinien!

Papa hat seine Nähmaschine verkauft und die Grenze nach Deutschland überquert. Er hat in einer Kohlenmine gearbeitet und nichts vergessen. Erst heute weiß er, daß am Ende seines Weges Frankreich wartete. Er verdient etwas, so daß er nicht Hungers stirbt. Und dann schließt die Mine. Es gibt Entlassungen, das bedeutet Streik. Papa sieht auch Deutsche, die vor Hunger krepieren, während Yantel, Jude wie er, vor den Minenarbeitern spricht: „Proletarier aller Länder . . .“ Papa ist eher Sozialist. Dort, woran er nicht mehr denken will, las er die Zeitung des Bunds der Sozialistischen Juden. Er und Yantel brüllen sich an, und am Ende werden beide von der deutschen Polizei verhaftet und nach Belgien abgeschoben. Papa und Yantel lachen. Sie lachen, weil sie noch lachen können. Sie können sich nicht mehr halten vor Lachen, weil sie Juden sind, weil der eine Kommunist, der andere Sozialist ist, weil sie sich noch so schön anbrüllen können. Sie finden sich mit nichts als einer tiefen Freundschaft vor der belgischen Polizei wieder.

Mir füllte ihr Lachen den Kopf, wenn ich im Bett wieder an das kleine Stück Geschichte dachte, das Papa diesen Abend erzählt hatte. Ich freute mich schon auf morgen. Und es war morgen. Und Papa lachte noch immer, während er auf meinem Bett saß.

Plötzlich ist er aufgesprungen, ein paar Schritte zurückgewichen und hat sich, damit ich ihn besser sehen konnte, in die Mitte *meines* Zimmers gestellt. Und dann spielt er den Clown, wankt auf einem Bein und krümmt sich noch immer vor Lachen.

– So verdiente ich in Brüssel meinen Lebensunterhalt, David. Mit Yantel. Wir beide posierten nackt und versuchten, vor den Zeichenschülern das Gleichgewicht nicht zu verlieren. Und Yantel und ich vermieden es, uns anzusehen, denn wenn nicht, lachten wir wie verrückt, bis uns der Bauch weh tat. Furchtbar weh. Ich war ein Speerwerfer am Ende eines Laufs und er ein Berghirte. Und alle Schüler lachten, während der Professor losschrie:

– Das Gleichgewicht! Das Gleichgewicht! Aber so haltet doch das Gleichgewicht, ihr verdammten Idioten.

– Und schließlich sind wir weggeschickt worden und haben im Café, wo wir Bier tranken, noch immer gelacht . . .

Das war der einzige Moment, in dem Papa so aussah, als hätte er alles vergessen. Mir dagegen gingen die Flammen und die Massaker im Kopf herum.

Und dann Frankreich, heimlich. Immer heimlich. Als wäre es Papa verboten, am hellichten Tag zu leben. Er brauchte bloß nachts eine kleine Grenze überqueren, ohne bemerkt zu werden. Sich verstecken, sich immerzu verstecken. Und dann Paris. Paris, die Hauptstadt der Freiheit.

– Vergiß niemals, David, du verdankst Frankreich alles.

Und noch einmal sah er Mama an. Als wäre sie zu seiner Ankunft gekommen, genau zur richtigen Zeit, bevor er zusammenbrach. Als wäre er in ihre Arme geflohen, um den Razzien zu entkommen, die die Polizei durchführte, indem sie ein ganzes Paket von Leuten mit einer Kordel umschnürte und die Papiere kontrollierte.

Schöne Mama, zärtliche Mama. Aber ich habe keine Zeit, über Mama zu schreiben. Sie ist nicht mehr da. Papa ist nicht mehr da. Sie fehlen mir. Ich muß ohne sie leben.

– Leben, mein Sohn, um jeden Preis leben . . .

Und damit ich lebe, hat Papa mir eines Abends, nach dem Essen, eine schallende Ohrfeige verabreicht.

Ich bot ihm die Stirn.

– Nein, ich werde nicht bei den Bianchottis schlafen. Ich habe ein Zimmer, ein Zuhause.

– Keine Diskussionen, David. Heute abend und alle zukünftigen Abende wirst du bei den Bianchottis schlafen.

Ich habe Mama mit einem flehenden Blick angesehen. Sie stimmte Papa zu. Ich habe angefangen zu heulen.

– Nein, nein, ich werde nicht gehen.

Und dann habe ich Papa zum ersten Mal ganz weiß werden sehen, und blitzschnell verpaßte er mir eine Ohrfeige. Eine Ohrfeige der Liebe. Ich habe das erst später begriffen, sehr viel später. Erst heute.

Mama wollte mich trösten. Ich habe sie weggestoßen. Papa wollte mir Gute Nacht sagen. Ich habe ihm den Rücken zugedreht und bin in mein Zimmer gerannt. Dort habe ich meinen Schlafanzug genommen, und zwei Etagen höher betrat ich zum ersten Mal das Zimmer des Toten.

Ich habe nicht geschlafen.

Warum? Warum bloß die Ohrfeige ohne Erklärung? Warum sein haßerfülltes Gesicht? Warum die Unterstützung Mamas? Alle waren gegen mich. Sie hätten es mir sagen müssen. Sie hätten es mir erklären müssen wie vorher und mich nicht im Dunkeln lassen dürfen. Oder sie hätten ganz schnell auf Jiddisch miteinander sprechen müssen, damit ich nichts verstand, ich, der, als ich kleiner war, all meinen Schulfreunden erklärte, daß meine Eltern fließend Englisch sprachen und mit Akzent. In der Klasse waren wir drei Gleiche: Hirsh, Kerbel und ich. Und für uns war es echtes Englisch. Aber nur Grunbaum verstand und sprach es wirklich. Alle waren sicher, daß er später Übersetzer werden würde. Aber um die Ohrfeige von Papa zu verstehen, mußte ich ganz alleine übersetzen, in meine eigene Sprache, das Französische. Ein tadelloses, zungenfertiges Französisch, voll von tränenfeuchten Klagen. Warum jagten sie mich fort? Warum? Ich war doch hier zu Hause.

Als ich am nächsten Morgen mit den Augen eines Albinokaninchens wieder herunterkam, wartete Mama auf mich. An ihrer Miene erkannte ich, daß sie genauso schwarze Gedanken gewälzt haben mußte wie ich. Das lange Gesicht von Papa sagte dasselbe. Warum also dieses Schweigen? In meinem Alter hatte ich ein Recht darauf, es zu wissen.

Noch bevor Mama mich trösten konnte, war Papa ihr zuvorgekommen.

– Hör zu, mein Sohn, zu deinem Besten mußt du von heute an gehorchen, ohne Fragen zu stellen. Es geht um Leben und Tod. Es ist ernst, sehr ernst. Mehr kann ich dir nicht sagen. Niemals hätte ich dich schlagen dürfen, aber es ist zu deinem Besten, verstehst du?

Ja, jetzt verstehe ich dich, aber erst jetzt. Du hattest tausendmal, hunderttausendmal recht. Aber wenn du gewußt hättest, wie böse ich dir war. Wie gerne hätte ich dir ins Gesicht geschlagen, dich mit einem einzigen Faustschlag zerschmettert, so stark wäre ich gewesen. Aber ich war bloß ein dreizehnjähriger Junge, der, statt sich zu rächen, nur davon träumen konnte. Ich schwöre, daß ich während meiner schlaflosen Nacht pausenlos geträumt habe. Mein Bestes? Was wußtet ihr schon davon? Ihr habt es getan, das ist wahr. Ihr habt alles dafür getan, daß es mir nicht so erging wie euch, daß ich vor dem Elend und den Demütigungen geschützt war. Danke. Aber in jener Nacht hatte ich alles vergessen.

Vergessen die Stunden, wo du, Papa, deinen Schneidetisch oder Fingerhut verlassen und dich über mein Schulheft gebeugt hast, um mir beim Schönschreiben der Bögen des großen E und der Schnörkel des B zuzusehen. Ich erinnere mich daran, wie du zur selben Zeit die Zunge herausgestreckt hast wie ich. Du hast mich auswendig die Geschichts-, Moral- und Sachkundelektionen aufsagen lassen, dann bist du mir mit der Hand durch die Haare gefahren.

– Du wirst es weit bringen, mein Sohn.

Ich wußte, daß du abends, nach zehn Stunden Arbeit im Geschäft, zwei Häuser von der Wohnung entfernt heimlich meine Schulmappe geöffnet und dich mit Mamas Hilfe abgeplagt hast, das zu lernen, was ich sofort konnte. Du wolltest noch andere Nachrichten lesen können als die, die du in „Unzer Shtime" gelesen hast, der frohen bundistischen Botschaft. Ja, du hast Französisch lesen und schreiben gelernt. Aber wenn du es gesprochen hast, hast du dich immer verraten, weil du die „i" und die „u" durcheinander gebracht hast, die „an" und die „on". Es wurde ein russischer Salat.

Vergessen die Überstunden, die Aufträge von anderen Schneidereien, die du, der Superschneider, zusätzlich übernahmst, um mir meine Klavierstunden bei der alten Dame-mit-Barthaar-am-Kinn zu bezahlen.

– Rubinstein! Du wirst besser als Rubinstein! Du wirst sehen. Und ich wollte Radrennfahrer werden ... Ich habe meine Tonleitern gespielt, doch brachten mich die Pedale weder zu Bach noch zu Chopin, sondern nur zur Tour de France.

Zu Weihnachten meines neunten Geburtstags kam das Klavier. Das ungewöhnlichste und teuerste der Welt, das meine Eltern mir schenken konnten. Ich würde berühmt werden, das stand fest.

Ich sehe euch beide vor mir, wie ihr mir beim Klimpern zugesehen habt. Du, Papa, hattest die Hand auf Mamas Schulter gelegt und diese ungeschickte, ungewöhnliche Geste gewagt, obwohl du sonst so prüde warst. Papa und Mama, ihr seid rot geworden, als ich euch angesehen habe. Du, Papa, hast deine Hand dann schnell weggenommen. Die Sonatinen von Clementi blieben im Raum schweben. Ich habe mich in eure Arme geworfen, vor dem Weihnachtsbaum. Ja, der Weihnachtsbaum.

– Eine Idiotie, David, hatte Papa zu mir gesagt. Aber man muß sich den Traditionen des Landes anpassen.

Jedes Jahr wiederholte er denselben Satz, wobei er mir dann von einem anderen Fest erzählte, von dem ich nichts wußte. Aber ich bin sicher, daß er, wenn er mir meine Geschenke gab, an die anderen denken mußte, die dageblieben waren und etwa zur selben Zeit, im

Winter, das mysteriöse Hanukka feierten, von dem er mit so viel Gefühl sprach.

– Hanukka! Ein Fest, das zehn Tage dauert, David. Am ersten Abend zündet man zwei Flammen am Kerzenhalter an, dann eine Woche lang eine pro Tag. Und am Schluß war dann das Fest . . .

Es wurde still. In seinem Kopf defilierten all die vergangenen Hanukkas und vielleicht die Geschenke, die er meinen ermordeten Geschwistern gemacht hatte. Ärmliche Geschenke, aber sie kamen von Herzen. Ich weiß nicht, wie meine Geschwister aussahen, aber ich denke mir, daß sie schön waren, daß sie Papas glänzende Augen geerbt hatten. Vielleicht gab es zum Essen zusätzlich Bohnen oder Hühnchen? Ich werde es nie wissen.

Ich aber, ich war der König eines christlichen Festes. Im Radio hörten wir sogar die Mitternachtsmesse. Und dann das schwarzlackierte, schimmernde Klavier. Um ihnen eine Freude zu machen, nahmen die Sonatinen ihren Flug wieder auf, dieses Mal mit Liebe. Eine Liebe, die so groß war wie der Ozean, den Papa überqueren wollte. Eine Liebe, die so groß ist wie die, die ich euch entgegenbringe und die ich nur in dieses karierte Heft schreiben kann. Ihr seid nicht mehr da. Meine Worte berühren euch nicht mehr. Eure Stimmen sprechen nicht mehr zu mir. Und dann vielleicht, wenn doch, trotzdem . . .

Ihr fehlt mir seit so langer Zeit, seit dem Tag, von dem ich nicht sprechen will, weil er so schrecklich ist.

Aber er ist da, für immer. Wie für dich, Papa, der Tag, an dem die Barbaren gekommen sind, um in deinem Dorf am Ende der Welt alles zu verwüsten.

Wer hätte sich das vorstellen können? Ja, Frankreich hatte dir Gastfreundschaft gewährt, dir eine Frau, einen Sohn und ein Schneidergeschäft in einem stadtnahen Vorort von Paris gegeben. Eine Viertelstunde von der Porte de Montreuil aus, jenseits der Zone, in die zu gehen mir verboten war. Ein Schneidergeschäft mit deinem und meinem Namen, in gemalten Buchstaben, rue Garibaldi, fast an der Ecke der rue de la Révolution. Ein glückliches Omen.

Jeden Samstag kam Yantel mit seiner Frau. Mama lächelte. Sie sah mich an. Ich wußte schon Bescheid. Und mitten beim Essen fing eure in Deutschland begonnene Diskussion wieder an, die dann nicht mehr aufhörte. Schreie, noch mehr Schreie, Gelächter, das Café, Stalin, der Kommunismus, der Sozialismus, die neu zu bauende Welt, Hitler. Alles kam fast auswendig. Mama und Madame Yantel flüchteten in die Küche. Ich blieb mit offenem Mund und hörte euch zu. Ihr hattet beide recht, so laut spracht ihr.

– Wir gehen auf einen Krieg zu, Lazare. Und nur die Sowjetunion kann uns helfen.

– Der Krieg ... der Krieg ... du hast nur dieses eine Wort im Mund. Und den Frieden, kennst du den?

Yantel ließ sich nicht aus der Fassung bringen.

– Wir sind nichts, Lazare, gar nichts, wenn wir

alleine sind. Wir müssen uns vereinigen. Du weißt genau, daß man in Deutschland die Kommunisten und Juden verhaftet.

– Ich weiß. Und für die kommunistischen Juden ist es noch schlimmer! Das hast du schon letzte Woche gesagt. Aber was haben wir denn hier in Frankreich zu fürchten? Eine Bande von Antisemiten etwa? Die gibt es überall. Und schließlich bist nicht du es, Yantel, der die Welt ändern wird. Deine Kommunisten, was haben sie denn in Spanien erreicht?

– Und deine bundistischen Zionisten, was haben sie denn in Erez Israel erreicht?

Ein richtiger Boxkampf. Ich verstand nichts, höchstens, daß es ein Krieg der Juden war, wie in der Schule der zwischen Cowboys und Indianern. Aber nein, der in der Schule war zum Lachen, und dieser hier war ernst. Vielleicht aber doch nicht so ernst wie es aussah, weil sie sich nämlich dann plötzlich ansahen und wieder zu lachen begannen, zu lachen und sich zu erinnern, und ihre Worte verstand ich nicht mehr. Nach den Beleidigungen waren sie Freunde. Freunde und Franzosen.

– Geh, David, zeig was du kannst auf dem Klavier.

Ich spielte für sie, so gut und so schön wie möglich. Das Wort Frieden hatte einen Sinn, und Chopin war doch trotzdem Pole. War er etwa auch ein Antisemit?

Dieses Wort habe ich sicher am häufigsten gehört, ohne darauf zu achten. Es kehrte immer wieder, wie eine Musik, die mich nichts anging. In meinem Viertel –

rue Garibaldi, rue de la Révolution, rue de Paris, rue Marceau – sahen die Leute nicht aus wie Antisemiten. Madame Ducamp gab mir sogar ein Bonbon zu meinem bitte-nicht-zu-stark-gebackenen-Baguette, und Monsieur Armellino erlaubte mir, in seine Möbeltischlerei zu kommen, wo er in Holzspänen schwamm. Ich konnte dort stundenlang bleiben. Papa hatte ihm einen Sonntagsanzug genau nach seinen Maßen fabriziert. Einen Meter fünfundvierzig. Mama machte sich darüber lustig:

– Mit Kunden wie ihm würden wir in einem Stoffrestewettbewerb gewinnen.

Und am Tisch bedauerten wir ihn, weil er so klein war und ohne Frau. Vielleicht sah er deshalb so unglücklich aus. Ich hätte ihn mit einer der Liliputanerinnen aus dem Zirkus verheiratet, der einmal im Jahr an der Porte de Montreuil gastierte. Armer Monsieur Armellino! Er arbeitete ständig. Sogar in der Nacht sah man durch die Scheibe seiner Werkstatt Licht.

Antisemiten? Die Lehrer und Lehrerinnen waren keine. Papa hätte das beschwören können. Von meiner ganzen Klasse in der Robespierre-Schule hatte ich als einziger die Aufnahmeprüfung in die sechste Klasse bestanden. Als einziger ...

– Das ist Frankreich, hatte Papa gesagt, als er sein Champagnerglas hob, Yantel drängte, noch mehr zu trinken, und mich, so fest es ging, umarmte.

– Mein Sohn, mein Sohn, ich bin so stolz auf dich ... Du warst auf der *Liste*.

Seine Hände fuhren durch meine Haare. Und Mama schloß die Augen, um ihren nun großen Sohn keinen Alkohol trinken zu sehen: der Schrecken aller Schrecken. Aber an einem so außergewöhnlichen Tag ... Ich würde vielleicht nicht nur Rubinstein werden, sondern – Gott bewahre – Ministerpräsident wie Léon Blum oder sogar ein Spezialarzt mit einer goldenen Tafel unten an meinem Haus. Ich würde ...

Ich hatte kaum Zeit gehabt, überhaupt irgend etwas zu werden, als ... Mama und Papa hörten den ganzen Tag Radio, weil alles, was Yantel vorausgesagt hatte, wahr wurde und Krieg kam.

Zuerst lange Zeit gar nichts, und dann plötzlich alles sehr schnell. Im Raum von ...

– Die Zeitungen lügen, sagte Papa in einem entschlossenen Ton.

Ich hatte Vertrauen. Und als die Deutschen dann in Paris einmarschierten, sah ich sie.

– Nein, niemals werde ich mein Haus, mein Geschäft verlassen. Was sollen sie uns schon tun? Ich bin in meinem Leben schon genug weggelaufen. Ich bin müde. Yantel kann ja gehen, wenn er will, ich bleibe in Montreuil.

– Dann laß uns David aufs Land schicken!

– Kommt nicht in Frage!

Und Papa hat gebrüllt.

– Er wird bei uns bleiben. Weil ich dir sage, daß wir nichts zu befürchten haben. Das Radio, die Zeitungen, sie alle sind Lügner. Sie werden nichts unternehmen. Ich werde weiterarbeiten. Nichts macht mir angst.

In seiner Stimme war so viel Sicherheit.

In Wahrheit haben Papa und Mama nicht gearbeitet. Oder besser gesagt doch, aber weder mit Maschine und Nähgarn noch mit Nadel und Fingerhut. Sie haben mich sogar angestellt – Schluß mit dem Gymnasium –, um den Angsthasen bei der Flucht zu helfen. Für Papa waren das Feiglinge, keine Frage. Doch angesichts der Deutschen, die Gerüchten zufolge Paris dem Erdboden gleichmachen wollten, hatte die Solidarität noch einen Sinn für ihn. Angsthasen, einverstanden, aber zuerst einmal menschliche Wesen. Und Papas Worte machten die Runde und halfen den Nachbarn beim Umziehen, denen, die nicht sofort in den ersten Tagen geflohen waren, als die Züge noch gingen.

Ich verstand das nicht. Wir blieben. Und all die Massaker-Geschichten, die Papa mir erzählt hatte? All die Bilder, die mir in der Wochenschau im Kino, vor dem Hauptfilm, angst machten? An seiner Stelle wäre ich weggegangen. Die Menschenfresser kamen. Die echten. Nicht die, die einen schon im „Däumling" richtig zum Zittern brachten. Die echten Menschenfresser mit Kanonen und weit aufgerissenen Schlünden. Sie schafften es nicht, Papa von seiner Haltung abzubringen. Und auch Monsieur Armellino von der anderen Straßenseite nicht, der genau wie Papa ruhig dabei half, die Koffer zu verschnüren, die auf kleinen, ich weiß nicht von wo hergeholten Karren auf Abenteuerfahrt gingen, manchmal sogar auf Kinderwägelchen.

Ohne die Wäscheschränke mit den Ersparnissen zu genau ansehen zu wollen, halfen Papa und Mama in den Etagen alles und egal was zu verstauen. Und während sie auch dabei halfen, die Tränen von Madame Dugrand zu trocknen, die mit ihrem Stock nie irgendwo hinkommen würde, war ich für das Geschäft verantwortlich.

Alle kamen herein, weil sie wußten, daß wir blieben. Und all diese Leute, die ich mochte oder verabscheute, kamen, um mir zuzulächeln. Sie steckten mir ein Geldstück zu, während sie mir ihre Hausschlüssel hinhielten. „... Und vor allem sollen deine Eltern gut darauf achten, daß die Diebe ...“ Und ich dachte bloß, daß die Diebe schon ganz schön weit vorangekommen waren auf den Straßen in Richtung Loire, wo sie mitnahmen, was sie konnten. Es war Krieg, und ich hatte einen Schatz von Trinkgeldern zusammengetragen.

Kein Wort zu Papa oder Mama.

Eine Woche, und das Geschäft war zu Ali Babas Höhle geworden. Siehst du, wie sie uns vertrauen, David!

Welcher Stolz. Er, der Flüchtling, der Staatenlose, der Naturalisierte: Die Franzosen vertrauten ihm ihr Hab und Gut an.

– Millionen im Geschäft, David. Millionen. Und ich werde alles zurückgeben. Alles.

Mama konnte sich kaum noch zu ihrer Nähmaschine durchschlängeln. Aber was hätte sie auch nähen sollen? Die Leute hatten ihre Kleider dagelassen und in der Hetze nur das Notwendigste mitgenommen. Ich habe gesehen, was das war: nichts, das jemals zu etwas dienen würde. Eine alte kaputte Wanduhr, ein altes Bild Jagdszene-mit-Hirsch-und-Unterholz, die gesammelten Werke Shakespeares in sechs Bänden ... Aber sie hingen so sehr daran. Denn genau das ist das Notwendige: wenn es für gar nichts gut ist außer fürs Herz, wenn es der Erinnerung guttut. Oder weh. Ich weiß es, weil ich es ausprobiert habe. Der Rest stapelte sich in unserem Laden: Kommode Ludwig und noch was, Sessel Voltaire – wie mein Gymnasium –, haufenweise Bettwäsche ... Ein ganzer Museumsflügel mit Etiketten für den Tag, an dem alles zurückgegeben werden würde.

Erzählen muß ich auch, daß ich trockenen Auges über die Leute lachte, wenn das, was sie für den wertvollsten Besitz hielten, ein gerahmtes Foto war, auf dem ein Großvater mit Schnurrbart thronte, der anläßlich der Hochzeit seines ältesten Sohnes von der versammelten Familie umgeben war. Was konnte ihnen das nützen im größten Verkehrsstau, der schon an der Straßenecke anfing. Die Verkehrsstaus von Montreuil: Schubkarren, Autos und Schusters Rappen.

Und wir sind geblieben, zusammen mit den Menschenfressern. Sie haben sich sogar ganz schnell eingerichtet, in der Verlassenheit eines Junitages, als alle

Vorhänge geschlossen waren. Bei offenem Fenster fuhr ich mit meinen Klimpereien fort, während Papa und Mama die Sachen im Geschäft bewachten. Doch ich wollte die Deutschen sehen. Ich hatte solche Angst vor ihrer Ankunft gehabt, und doch war mir noch nichts geschehen. Ich bin mit dem Fahrrad zur rue d'Avron gefahren und habe sie gesehen, wie sie in Uniform die Straßen auf und ab gingen. Ich habe, so schnell es ging, wieder kehrtgemacht, um Papa und Mama zu benachrichtigen. Enttäuschung: Sie hatten sie schon vor mir gesehen, in der rue de Paris, wo sie in gepanzerten Wagen Richtung Croix de Chavaux fuhren.

Allein gegen SIE. Einige Passanten auf den Straßen, fast alle Läden geschlossen, und Papa, der sich darauf versteifte, im Rhythmus der Befehle aus den deutschen Wagen und ihrer Lautsprecher zu bleiben.

– Bleiben Sie ruhig. Es besteht keine Gefahr ...

Ich war ganz allein. Nicht ein einziger Freund mehr. Ich habe die Straße überquert, um Monsieur Armellino zu besuchen, der ebenfalls geblieben war.

– Hab keine Angst, David, sie werden genauso schnell wieder gehen, wie sie gekommen sind ... Du wirst sehen, wenn wir uns alle zusammentun ...

Auch er redete wie Yantel, sprach aber das Wort Jude nicht aus. Übrigens sagte er überhaupt kein hochtrabendes Wort, aber in seiner sanften Stimme spürte ich riesigen Haß. Und er schuftete ohne Unterbrechung. Eine solche Kraft bei diesem ganz kleinen Mann, über den ich mich so lustig gemacht hatte – vorher.

Wo ist Monsieur Armellino heute? Er las die „Humanité“. Ich habe begriffen. Ich hoffe, daß er am Leben ist, daß ich ihn wiederfinde. Ich hoffe, daß er mit einem Gewehr, einer Pistole, mit irgend etwas im Maquis ist und sie abschießt wie die Kaninchen. Wenn Monsieur Armellino wüßte. Ich habe solches Vertrauen zu ihm. Wird er mir helfen, Papa und Mama wiederzufinden? Er muß irgendwo Chef sein. Er wird sie mir wiedergeben. Es steht fest, daß er Chef ist und kommandiert, daß er wissen wird, was man unternehmen muß. Und ich bin sicher, daß er, als er mit mir sprach, wußte, was er tun würde. Und später, eines Tages, ist er weggegangen, hat seine Tischlerei geschlossen, ohne jemandem etwas zu sagen, ohne ein Auf Wiedersehen. Manchmal suchte ich auf den an den Mauern angeschlagenen Listen seinen Namen, um zu sehen, ob die Deutschen ihn suchten, um ihn zu erschießen. Zumindest hätte er ihnen weh getan, sehr weh, und er hätte es geschafft zu entkommen.

Aber die kleinen Einzelheiten dieser Geschichte sind mir scheißegal. Die ein Meter fünfundvierzig von Monsieur Armellino sind mir scheißegal. Die Farbe der deutschen Uniformen ist mir scheißegal. Die Worte von Papa und Mama sind mir scheißegal.

– Wenn auch nur ein einziger hereinkommt, töte ich ihn mit meinen eigenen Händen und mit dem hier . . .

Und Papa ging und holte eine unter einem Stoffstück versteckte Axt. Er war sicher, daß uns das schützen würde, Mama und mich. Es ist mir egal, scheißegal, total scheißegal. Wenn ich bloß alles kurz und klein schlagen könnte. Alles in die Luft jagen. Wenn ich mich rächen könnte, töten, töten, töten ... Meine Finger tun mir weh, so stark quetsche ich meinen Stift. Meine Finger, die die Mörder erwürgen würden ... Ich kann nicht mehr. Ich weine.

Ich habe mein Heft liegengelassen und bin in der Gegend herumgelaufen. Ich habe Erdklumpen geschleudert, bin mit meinen Schuhen gegen die Bäume getrampelt und habe so lange geschrien, bis ich außer Atem war. Aber ich muß wieder zurückgehen, schreiben, erzählen, selbst wenn ich keine Lust habe, selbst wenn meine Kehle nur eine Kugel voll Haß und Tränen ist und meine Hand zittert. Ich muß Papas Willen respektieren. Aber ist das heute überhaupt noch sein Wille?

– Wenn er groß ist und seine Studien beendet hat, wird er ihnen erzählen, was wir erlebt haben, damit das nie wieder anfängt. Er wird es ihnen erzählen, du wirst sehen ...

Wörter, die mir wieder in den Sinn kommen, wie aus Millionen Lichtjahren Entfernung. Ganz nah in Wahrheit. Aber für Papa ging es darum, etwas ganz anderes zu erzählen.

Erzählen. Erzählen. Wieder erzählen, selbst die allerkleinsten Einzelheiten. Als ich draußen herumgelaufen bin, habe ich es begriffen. Und dann, Papa und Mama, sagt, daß ich euch wiedersehe! Ihr werdet stolz auf mich sein. Jetzt bin *ich* es, der erzählen will, *ich*.

Euer Lachen, euer Glück und das meine, als nach dem toten, verfaulten Sommer der Waffenstillstand kam und die Verschwundenen zurückkehrten. Du, Papa, konntest deine Freude darüber, recht behalten zu haben, nur mühsam verbergen. Nichts war passiert. Rückkehr vom Exodus in kleinen verschämten Schritten, endlose Danksagungen und noch endlosere Umarmungen, als Yantel ins Geschäft kam, gerade als du Monsieur Luquet, dem Käsehändler aus der rue de la Révolution, seine Wohnungsschlüssel zurückgabst, der dir aus Dankbarkeit („und vielen, vielen Dank“) alle Käsesorten schenken wollte, welche immer und wann immer du wolltest.

Yantel und du habt euch umarmt wie zwei Brüder, die sich seit Jahrhunderten nicht mehr gesehen haben. Drei Monate nur, und fünf Minuten Umarmungen, ohne ein Wort, nichts. Nur Blicke und noch mehr Blicke und eure beiden Körper, die sich drückten, während ihr aus Würde eure Tränen voreinander verborgen habt. Mama drückte mich an sich. Sie teilte euer Glück. Andere hatten weniger Glück. Sie sind niemals zurückgekommen, um ihre etikettierten Sachen abzuholen.

Yantel erzählte uns von ihnen, von der Hitze und der Müdigkeit, dem Wassermangel, den liegengebliebenen Autos, von den Bauern, die diese riesige Masse vorbeiziehen sahen, von den Plünderern und Deserteuren und von den plötzlichen Angriffen italienischer Flugzeuge, die die Straße unter Beschuß nahmen und sofort wieder wegflogen.

Papa und Mama hörten aufmerksam zu. Und ich trank seine Worte. Er berichtete von den herumirrenden, weinenden Kindern, die man aufnahm oder nicht. Er erzählte von den schnell auf Strommasten oder Rathausanschlagtafeln geschriebenen Sätzen: Y sucht Z, wir treffen uns in F. Er erzählte von der Überquerung der Loire genau in dem Moment, als die Deutschen die Brücke in die Luft sprengten. Er erzählte von den Toten, die man nicht beerdigte und die in der Sonne verfaulten, von den Damen mit weißen Handschuhen und Stöckelschuhen, die vor Schmerz plärrten, wegen der Blasen an den Füßen und wegen ihres Schmucks, den sie gegen ein Stück Brot oder Schinken eintauschen mußten. Er erzählte alles, alles, alles.

Ohne daß er es bemerkte, hatte ich mich auf seinen Schoß gesetzt.

– Niemand wollte kämpfen, Lazare. Niemand. Ich habe Soldaten gesehen, die sich die Zivilkleider von Toten anzogen ... Es ist seltsam, ich habe nicht einmal dagegen aufbegehrt, Lazare. Bloß ein tiefer Ekel. Und dann, du weißt ja, mit dem Gehen ist es wie bei dir. Wir haben so viele Kilometer zurückgelegt ...

Es war Krieg. Doch uns hatte er ausgespart.

Yantel stellte Fragen über die Mitglieder der Freundesgruppe, was aus ihnen geworden war.

Die Freundesgruppe war die Mittwochsversammlung von Papa. Die Versammlung der Freunde eben. Aber nur die jüdischen Freunde, die in Montreuil wohnten. Die israelitische Freundesgruppe von Montreuil. Aber mit den Freunden stand es wohl nicht gerade zum besten. Schon ab Donnerstag schimpfte Papa über sie. Es waren schreckliche Freunde.

– Dieser falsche Fuffziger von ... dieser Kommunist von ... dieser schwachsinnige Idiot von ...

Als wäre das einzige, was Papa wirklich auf Französisch gelernt hatte, Beleidigungen und Flüche gewesen, die aufhörten, sobald ich die kleine Spitze meiner jüdischen Nase prüfte. Weil ich die Form meiner Nase nämlich kennenlernen mußte. Sie begann jetzt überall in den Zeitungen aufzutauchen. Wenn man Jude ist, hat man eine Hakennase, abstehende Ohren, Kraushaare und Finger mit Hexennägeln. Vor meinem Spiegel hatte ich nicht diesen Eindruck. Ich hatte eine gerade Nase, wirklich gerade, und gut geformte Ohren. Krallenartige Nägel, nun, die hatte keiner in der Freundesgruppe. Aber die Freundesgruppe gab es nicht mehr. Sie war verschwunden. Kein Mittel mehr, um das nachzuprüfen.

– Die Jablonskis sind wiedergekommen ... Die Rosinskis auch ... Und Papa zählte Yantel alle auf, die da waren. Die anderen hatten sich in Luft aufgelöst, ohne eine Adresse zu hinterlassen.

– Weißt du, Lazare, sie müssen sich auf dem Land versteckt halten.

– Aber warum sich verstecken? Verstecke ich mich etwa, ich?

– Hör auf Lazare, hör auf, den Blödian zu spielen!

Yantel sagte das, weil er angefangen hatte zu brüllen.

Er hatte Papa als „Blödian“ beschimpft. Das war unerträglich. Ich bin aufgestanden und habe ihm einen gigantischen Faustschlag auf die Nase, seine jüdische Zeitungsnase, verpaßt. Und Yantel hat Blut gepißt.

– Du hast kein Recht, Yantel. Du hast kein Recht, Papa so zu behandeln. Du bist der Blödian, du bist es, der verduftet ist, und jetzt hältst du uns Moralpredigten. Das ist widerlich. Widerlich, Yantel. Du bist ein Saukerl, ein echter Saukerl.

Und ich rannte weg und schloß mich in meinem Zimmer ein. Abends am Tisch mit nicht viel zu essen war Yantel immer noch da. Durchdringend fixierte er mich mit seinen großen blauen Augen.

– Ich entschuldige mich für das, was ich gesagt habe, David.

Und seltsamerweise haben er und Papa weitergeredet, ohne sich gegenseitig zu beleidigen. Ich hatte Yantel zu Boden geworfen und Papa gerächt. Und das Wichtigste war seine Entschuldigung. Ich hatte Yantel gedemütigt, und er entschuldigte sich. Manchmal tun Worte mehr weh als Fäuste.

Papa und Mama, ich liebe euch so sehr, daß ich es gar nicht ausdrücken kann. Ja, Yantel hatte recht. Vielleicht ist das der Grund, warum ihr nicht mehr da seid. Yantel sagte, daß man kämpfen muß oder, falls das nicht möglich ist, fliehen. Er würde kämpfen, notfalls mit bloßen Händen, aber die Nazis würden abziehen. Du, Papa, hattest solches Vertrauen, daß du nicht auf ihn hörtest, denn du befolgtest ja die Vorschriften. Beim ersten Aufruf hast du nicht einen Augenblick gezögert.

Zu Fuß sind wir alle drei zum Kommissariat der Croix de Chavaux gegangen. Ich ging neben euch. Ihr wart in Sonntagskleidung und gingt stolz, mit langsamen Schritten, froh über die schöne Stunde Pause. Es war eben ein Spaziergang; vorher hattet ihr aus dem Eßzimmerschrank die kostbaren Papiere geholt, die sie verlangten: die Naturalisierungsakte und die Ausweise, die in so sanft zu berührendes Kristallpapier eingeschlagen waren.

Das Gesetz, es war das Gesetz. Man mußte sich ihm fügen. Was war denn schlecht daran, die Vorschriften zu befolgen?

Auf unserem Weg durch die rue de Paris war es Anfang Herbst, und der Spaziergang war ein Vergnügen.

Du, Papa, hast mich um die Schultern gefaßt:

– Wenn du ein Mädchen geworden wärst, hätten deine Mutter und ich dich France genannt. Ein schöner Vorname, nicht wahr?

France! Frankreich!

Frankreich der Schande. Frankreich der kleinen Beamten, die ihre Arbeit tun, die stumpfsinnig die Vorschriften anwenden. Frankreich, Scheißfrankreich. Genau das Frankreich habe ich gesehen, als wir am Kommissariat ankamen, in dessen Hof zahlreiche Fahrräder angeschlossen waren. Es waren bereits eine Menge Leute da, und Papa begriff, daß der Nachmittag lang werden würde. Hinzu kam, daß er Leute in der

Warteschlange kannte. Alle von der Freundesgruppe, die zurückgekehrt waren. Man sagte sich Guten Tag. Ich war gewachsen, und doch streichelte man mir noch über den Kopf. Sie hatten mich auf ihren Knien gehalten: „Erinnerst du dich, Lazare?" Und Papa erinnerte sich. Und in dem winzigkleinen Hof war es eine Beleidigung für die Deutschen, die jede Versammlung verboten hatten. Sie hatten es im Radio gesagt.

– Das ist die Rache, sagte Monsieur Rosenbaum.

Alle Leute haben gelacht. Dann, während jeder wartete, bis er an der Reihe war, haben sie angefangen, Jiddisch zu sprechen. Sie wurden immer lauter und erinnerten sich an die alten Geschichten, die ich nicht kannte. Sie lachten. Dann, als die ersten zitternd und mit verzerrtem Gesicht herauskamen, wurde es still.

Wortlos zeigten sie ihre Ausweise, auf die in Großbuchstaben JUDE gestempelt war. Sie gingen fort.

– Es fängt wieder an, hat einer gesagt. Warum stempeln sie es uns nicht gleich auf die Stirn? Das wäre von weitem sehr viel besser zu sehen . . .

In seiner Stimme schwang Wut.

Papa hat sich nicht gerührt und mir nur heftig die Hand gedrückt.

Den Mann, der von dem Stempel gesprochen hatte, kannte niemand. Er sah uns alle an.

– Niemals werde ich mich dieser Schmach beugen.

Fast unverständlich. Unbekannte Worte. Er ging fort. Und dann merkte man plötzlich, daß es ganz viele Juden gab, die gar keine waren, weil sie nicht so aussahen und nicht aus der Freundesgruppe waren. Aus dem Nichts gekommene Juden. Juden, von denen man es nie geglaubt hätte. Papa hat sich umgedreht. In der kleinen Menschenmenge zeigte er mit dem Finger – das ist nicht höflich – auf Madame Laclos, die Floristin, die immer bei den Nonnen steckte, neben dem Rundfunkgebäude und dem Platz der Republik. Er war sicher, daß sie Antisemitin war. Niemand verstand mehr etwas. Alle wirklichen Juden, jene, die es nicht versteckten, entdeckten Juden von einem anderen, unterirdischen Planeten.

Aber ich habe das erst hinterher begriffen, als Madame Lonia uns den Krieg erklärte und uns Papiere zeigte:

„Als Juden gelten jene, die der jüdischen Religion angehören oder angehörten oder die mehr als zwei jüdische Großeltern (Großväter und Großmütter) haben. Als Juden gelten solche Großeltern, die der jüdischen Religion angehören oder angehörten. Aus der besetzten Zone entflohenen Juden ist die Rückkehr verboten."

Lonia hat das Datum (27. September 1940) mit lauter Stimme vorgelesen, in dem Zimmer, in dem ich jetzt schreibe. Auf die schwarze Tafel malte sie Pfeile, und ich begriff ihre Geschichte mit den Zonen, weil ich schon viel gereist war. Jetzt waren wir an der Reihe, ins Kommissariat zu gehen. Hinter seiner Theke hat uns der Polizist in ein großes, alphabetisch geordnetes Heft eingetragen. Dann hat er seinen Stempel genommen und JUDE auf all unsere Papiere gestempelt: Naturalisierungsakte und Ausweise.

Er stempelte mechanisch, ohne Vergnügen. Seine Chefs hatten es ihm befohlen, und er gehorchte.

Beim Rausgehen war Papa ganz weiß. Er hat sich an den Arm von Mama geklammert. Dann hat er tief Luft geholt.

– Seht ihr, es ist nichts passiert! Jetzt ist alles nach Vorschrift. Los, nach Hause.

Im Geschäft fing die Arbeit wieder an. Das ganze Leben war schwieriger geworden. Es gab nicht mehr viele maßgeschneiderte Kleider. Papa und Mama besserten alles aus, flickten abgetragene Sachen gegen Gemüse, Brot und Eier. Als immer mehr Lumpen die Straßen überschwemmten, ging nur noch ich in fürstlichen Gewändern.

Im Gymnasium schämte ich mich, erklärte es aber meinen Freunden. Sie verstanden, aber ich spürte trotzdem Neid. Nach und nach fragten mich dann immer mehr Leute nach meiner Adresse. Plötzlich hatte ich Freunde, die ich mir nicht ausgesucht hatte. Ich hatte aber auch immer noch meine alten Freunde, mit denen ich wie ein Verrückter lachte.

Einmal, in der Metro, als alle Leute zusammengequetscht waren, haben wir Lippenstift auf den Uniformrücken eines deutschen Offiziers geschmiert. Und als er auf dem Bahnsteig wegging, sah man alle Leute heimlich lachen. Ein Mordsspaß!

Deutsche, überall Deutsche, in allen Straßen, und

auch die Hinweisschilder waren auf Deutsch: Das war eben die Besatzung. Papa und Mama hatten immer mehr zu tun, wegen der Eltern meiner neuen Freunde, die zu Beginn des Winters ins Geschäft kamen, damit die Mäntel noch ein Jahr länger hielten. Aber wenn sie jetzt zu uns kamen mit einigen Eierkohlen oder Früchten auf dem Grund ihrer Taschen, fanden sie ein spezielles Schild auf das Schaufenster geklebt: JÜDISCHES UNTERNEHMEN. Wirklich ein komisches Unternehmen, das Unternehmen von Papa und Mama: nichts als ein winziger Laden, der noch immer mit herrenlosen Sachen vollgestopft war. Eine Nähmaschine, ein Schneidetisch, ein Bügeltisch und eine ganz in Blau gehaltene Puppe im Schaufenster. JÜDISCHES UNTERNEHMEN.

Warum? Sag, Papa, warum hast du diesen Schweinen geglaubt? Warum hast du nicht dasselbe gemacht wie Yantel? Du hast einfach so weitergelebt wie früher, während wir immer mehr zu Juden wurden, immer mehr zu nichts. Yantel haben wir nie mehr wiedergesehen. Er ist fortgegangen, um sich zu verstecken, zu kämpfen. Ich bin sicher, daß er deutsche Soldaten umbringen mußte. Er hat recht gehabt. Aber du, Papa, warum hast du mir nichts erklärt? Warum hast du nicht das kleinste bißchen Widerstand geleistet?

Du warst stolz auf meine Halbjahreszeugnisse. Wenn ich sie dir zeigte, hast du sie geküßt. Warum diese Blindheit? Ich habe den Eindruck, daß ich alles besser verstanden habe als du, besser als Mama, die es nie wagte, dir zu widersprechen. Mit meinen Freunden in der Schule redete ich über Politik, aber mit euch hatte ich nur das Recht auf meine obligatorischen Klavierstunden, sogar im Winter, als Mama mir Fingerhandschuhe strickte.

Warum? Warum regte sich in dir nicht das kleinste Gefühl der Revolte, als sie uns verboten, ein Radio zu besitzen, und wir unseres hätten ins Rathaus bringen müssen? Glücklicherweise hast du das nicht getan. Aber ohne ein Wort des Hasses, der Wut, der Unsicherheit. Ich verstehe das nicht. Eines Tages wirst du mir das doch erklären? Nicht wahr, du erklärst es mir doch?

Wenn du wüßtest, wie es mir hier ergeht. Seit zwei Tagen habe ich nichts mehr gegessen. Aber ich habe auch keinen Hunger. Ich sitze im Klassenraum und schreibe, schreibe so schnell ich kann, um alles zu sagen, damit ihr Bescheid wißt, um es euch zu erklären, der Welt zu erklären, der ganzen Erde ... Schnell, schnell, damit ich nichts vergesse, bis wir uns wieder treffen. Ich bin dir böse. Ich will mich in eure Arme werfen und weinen, vor Freude oder Hoffnungslosigkeit weinen, das ist mir egal.

– Du hast recht Lazare, das dient wirklich zu nichts mehr.

An einem Sonntagmorgen hat Papa dann mit Hilfe von Monsieur Herschl und Salomon, dem Metzger, die Nähmaschine und den Schneidetisch nach oben in die Wohnung geschafft. Ich durfte nicht helfen.

– Deine Hände, David! Deine Hände! Daß du sie bloß nicht ruinierst.

Wenn ihr gewußt hättet, wie egal mir meine Hände waren. Ich wollte euch helfen. Und weil ihr so viel zu tun hattet, habe ich heimlich soviel ich konnte in die Wohnung getragen. Und dann, Mama, habe ich dich weinen sehen, als wir nebeneinander auf dem Bürgersteig standen und zusahen, wie Papa auf der gegenüberliegenden Straßenseite das Eisengitter herunterließ. Schluß mit dem JÜDISCHEN UNTERNEHMEN. Unser auf die Tür geschriebener Name war nicht mehr zu sehen. Papa hat sich damit begnügt, mit gesenktem Kopf ins Haus zu gehen, ohne ein Wort. Und dann hatte er soviel damit zu tun, das Leben in der Wohnung neu zu ordnen. Dahin nämlich würden von nun an die Leute kommen: So kompliziert war das ja gar nicht.

Und es ist wahr, daß sie gekommen sind, und wahr ist auch, daß Papa und Mama noch mehr arbeiteten, seit es den Juden verboten war, zwischen acht Uhr abends und sechs Uhr morgens das Haus zu verlassen.

Womit hatten wir das verdient? Was hatten wir bloß getan? Wer kann mir das sagen? Ich bin ganz allein in diesem riesigen Haus, das fast ein Schloß ist. Nur die Stille antwortet mir. Ja, wir waren Juden. Was war daran schlecht? Nicht mal religiöse Juden, fast überhaupt keine Juden. Niemals in meinem Leben habe ich einen Fuß in eine Synagoge gesetzt. Mama und Papa haben im Rathaus von Montreuil geheiratet. Gott, wenn du existierst, glaube ich nicht an dich. Ich hasse dich. Ich verfluche dich. Ich verachte dich. Ich spucke dir in die Fresse. Ich habe es satt, satt. Ich möchte sterben, hier krepieren, bis du mir antwortest. Ich möchte, daß du siehst, wie es in mir blutet, damit du mir mit einem Wort, einem Zeichen antwortest. Warum?

Warum ging das Leben weiter? Warum haben meine Freunde angefangen, von Filmen zu sprechen, die ich nicht mehr sehen konnte? Warum verbot Papa es mir, abends allein ins Kino zu gehen?

– Es ist das Gesetz, David. Und wenn man das Gesetz respektiert, kann nichts geschehen.

Und es ist wahr, nichts mehr geschah, überhaupt nichts mehr. Als wäre das Leben gestorben. Nichts. Absolut nichts. Man kann es mit keinem Wort beschreiben. Die Sterbenslangeweile vor dem Radio, das ganz leise gestellt war. Es war Befehl erteilt worden, nur noch Musik zu spielen und das Nichts, die unendliche Leere einzulullen.

Papa, Mama, ich und viele andere, sehr viele andere, hatten fast nicht mehr das Recht, abends normal zu leben. Wenn wir jemals das Haus verließen, bedeutete das Gefängnis, Geldstrafen oder die Internierung in einem „Judenlager".

Was sollte das heißen? Und wo war das? Im Pausenhof tat ich so, als ob. Als ob ich lachte, als ob ich den Film gesehen hätte, von dem alle sprachen. Als ob. Bis zu dem Tag, an dem ich wußte, was ein Jude genau war und keine Erklärungen mehr brauchte. Sogar Papa wäre nicht mehr durcheinandergekommen. Es war klar, sichtbar, obligatorisch.

Ein gelber Stern ab dem sechsten Lebensjahr und dem 7. Juni 1942. Und wir sind noch mal ins Kommissariat gegangen, brav wie zum Marterpfahl, um jeder unseren gelben Stern gegen einen Punkt auf der Kleiderkarte in Empfang zu nehmen. Hinter der Theke regelte ein Polizist wortlos die Verteilung, als ob er Angst hätte, uns anzusehen. Und dann, ohne daß wir wußten warum, als wir gerade rausgehen wollten, hat uns der Kommissar persönlich rufen lassen. Wir sind in sein Büro gegangen, wo er Papa und Mama darum bat, sich zu setzen. Wir sahen ihn verständnislos an. Hinter ihm an der Wand hing das Foto des Marschalls Pétain.

– Es ist das Gesetz, Monsieur Grunbaum. Ich kann nichts dafür. Ich bin gezwungen, es anzuwenden.

Aber auf seinem Gesicht lag ein Lächeln voll Mitleid und Wut.

– Das Gesetz ... Befolgen Sie immer die Vorschriften ... Und dann, beunruhigen Sie sich nicht, ich komme sehr bald, in den nächsten Tagen, bei Ihnen vorbei.

Er erhob sich. Wir erhoben uns. Er schüttelte uns die Hand.

– Ich kümmere mich um Sie ...

Wir sind weggegangen, ohne etwas zu begreifen.

Aber in den Monaten danach begriffen wir sehr genau, daß sich alle um uns kümmerten.

ETABLISSEMENT INTERDIT AUX ISRAELITES

Eintritt für Juden verboten, besagten die kleinen Zettel. Alles wurde verboten, nicht nur Kinos, sondern auch Parks, Schwimmbäder, alles, alles, alles, sogar die Geschäfte, wo wir nur noch zwischen drei und vier Uhr einkaufen durften.

– Lieber gleich vor Hunger krepieren, sagte Papa, als er es erfuhr.

– Sag das nicht, Lazare, antwortete Mama. Wir kommen schon zurecht, das weißt du genau ...

Wir waren sichtbar mit unserem Stern, sehr sichtbar. Gleichzeitig wollten SIE aber, daß wir unsichtbar wären. Wir durften gerade noch in den letzten Metrowagen.

Als ich am ersten Tag mit meinem gelben Stern ins Gymnasium kam, habe ich gehört:

– Trotzdem hätte man wohl nie gedacht ...

Das war alles. Meine Freunde sprachen mit mir so viel wie früher und vielleicht sogar ein bißchen mehr. Aber ich erinnere mich an den Abend, als mir auf dem Nachhauseweg ein alter Mann mit gesenktem Kopf und Stock entgegenkam, der vor mir stehenblieb und mir den Weg abschnitt.

– Nimm, Kleiner.

Er hat aus seiner Tasche ein Geldstück geholt und es

mir gegeben. Ich habe ihm in die Augen gesehen. Beim Weggehen murmelte er „armes Kind".

Arme Kinder wie mich gab es jetzt Tausende. Und arme Jugendliche Hunderttausende. Juden, Juden, Juden. Wir erkannten uns von weitem in den Straßen und in der Metro. Und jene, die versuchten, den Stern unter ihrer Tasche zu verbergen, durchschaute ich auch. Ich durchschaute alles.

Ich glaubte, alles zu durchschauen, bis zu dem Tag, an dem, ohne daß wir darauf gefaßt waren, an unsere Tür geklopft wurde.

Mama ging öffnen. Es war der Polizeikommissar. Der richtige, der uns die Hand geschüttelt hatte. Er wollte mit Papa und Mama sprechen, die Papiere noch einmal sehen.

– Laß uns allein, David.

Ich ging und schloß mich in meinem Zimmer ein. Sie sprachen so leise, daß ich nichts gehört habe. Erst als er wegging, hörte ich die Tür schlagen.

Warum? Warum habt ihr mir an jenem Tag nichts gesagt? Warum? Ich, ich ganz allein hätte euch gesagt, was wir hätten machen sollen. Eines ganz sicher nicht: mich noch am selben Abend zu den Bianchottis zum Schlafen schicken und mir eine Ohrfeige geben. Das gerade war nicht zu tun. Aber ihr habt das getan, was ihr für mein Bestes hieltet. Und für euch . . .?

Als Madame Bianchotti und ich im Morgengrauen des 16. Juli die Schreie hörten, liefen wir ans Fenster. Es war ein enormes, furchtbares Geschrei, und auf der Straße waren eine Menge Polizisten. Madame Bianchotti hat mir mit ihrer ganzen Kraft die Hand auf den Mund gepreßt.

Das Weitere kann ich nicht erzählen. Ich will nicht. Ich kann nicht. Aber ich werde es trotzdem erzählen. Mein Bauch und meine Kehle brennen. Mir ist schwindelig. Aber ich werde es erzählen. Ich werde es sogar dann erzählen, wenn ich beim Schreiben sterben muß.

Madame Weiß war auf der Straße, und zwei Polizisten zogen sie bei den Haaren, damit sie ihnen folgte. Sie weinte und schrie um Hilfe. Niemand half ihr. Aus den Häusern sah man ganze Familien kommen, meine Freunde und ihre kleinen Geschwister.

Sie folgten ihren Eltern ohne ein Wort. Stille. Nur die Stille übertönte die Schreie von Madame Weiß. Und dann sah ich Papa und Mama mit einem Koffer in der Hand und zwei Polizisten an jeder Seite. Ich sah, wie sie den Kopf zu meinem Fenster hoben. Ich sah, daß sie mich gesehen hatten, und sie sahen, daß ich sie gesehen hatte. Und Madame Bianchotti drückte mich immer stärker, so stark, daß sie mich fast erstickte. Papa und Mama sind mit den anderen gegangen, eskortiert von der Polizei. Nach zehn Minuten war kein Jude mehr in unserem kleinen Viertel.

Das war's. Es ist gesagt. Ich kann sterben und will doch nicht. Mamas Augen auf mir. Papas Augen auf mir. Mein ganzes Leben wahrscheinlich werde ich diese Augen sehen und ihre Silhouette, die Silhouette meiner Eltern. Meine Eltern. Ich bin allein. Kommt zurück, laßt mich nicht so zurück, ihr habt mir nicht Auf Wiedersehen gesagt. Einige Sekunden habe ich euch noch gesehen, so lange, bis ihr mit der ganzen Schlange um die Straßenecke gebogen seid. Einige Sekunden Ewigkeit, während Madame Bianchotti mich schluchzend umarmte und küßte.

– Sie werden zurückkommen, David. Hab keine Angst. Sie kommen wieder zurück.

Und vom Fenster aus habe ich die Fenster gegenüber gesehen, wie sie sich schlossen und die Vorhänge zugezogen wurden. Alles war zu Ende. Es blieb nur der Frieden einer Morgendämmerung im Juli in einer Straße ohne Geschichte, in der meine Geschichte begann.

Mit aller Kraft habe ich es geschafft, Madame Bianchotti auf die Erde zu werfen und mich zu befreien. Im Schlafanzug bin ich die Treppe hinabgestürzt, um sie zu suchen, lief blind in die falsche Richtung. Ich habe nichts gesehen. Nichts war geschehen. Ich habe geschrien.

– Mama ... Mama ... Papa.

Dann hatte ich keine Kraft mehr. Von der Porte de Montreuil aus bin ich langsam zurückgegangen. Ich war allein, endgültig allein. Ich ging zurück zu Madame Bianchotti, die nicht mehr sprechen konnte. Sie wiegte mich wie ein Kind und strich mir mit ihren Fingern sanft durch die Haare. Ich hätte Stunden so bleiben mögen, aber Papa hatte mir beigebracht zu kämpfen, selbst mit tränennassen Augen.

– Sagen Sie, Madame Bianchotti, was soll ich tun? Es ist aus, verstehen Sie ... Es ist aus ... Auch mich werden sie holen, wenn sie merken, daß ich fehle. Ich muß weg.

Ich fuhr in meine Kleider, riß meinen Stern ab und ging hinab zu uns, zu mir nach Hause. Beim Heraufkommen hatte ich noch nichts bemerkt. Auf der Tür waren Siegel. Zwei rote Wachsmarkierungen und zwischen beiden ein Band. Mein Haus war mir verboten. Ich habe das Band abgerissen und den Schlüssel ins Schloß gesteckt. Gewaltsam bin ich in unsere Wohnung eingedrungen. Im Eßzimmer habe ich mich lang auf den Boden gelegt und im Geruch meines Hauses, im Geruch von Papa und Mama lange geweint. Wäre ich ein Hund gewesen, so hätte ich ihrer Spur folgen können, aber ich war nur ein Kind.

Kein Schrei ist herausgekommen. Mit meinen Füßen habe ich auf den Boden getrommelt. Wut, eine Wut, die so ohnmächtig war, wie sie stark war. Und dann mußte ich schnell fliehen, denn SIE würden wiederkommen. Aber ich wollte nicht. SIE hatten meine Eltern geholt: SIE würden auch mich holen. Schnell habe ich meinen Koffer gepackt und alles durcheinander hineingestopft. Meine Sachen. Aber was war mit ihren? Sie waren da, im Schrank, in den Kommoden, überall ihre Gegenwart. Dann habe ich wie ein Dieb ihr Hochzeitsfoto, das ich aus dem Rahmen nahm, eingesteckt. Ich habe es in den Koffer gelegt. Nie, nie würden sie mich verlassen.

Ich habe die Tür hinter mir zugeschlagen. Ich hatte kein Zuhause mehr. Nur noch das Leben und ein Foto.

Es ist immer noch da, neben mir. Ich sehe sie an und lächle ihnen zu. Ich habe keine Tränen mehr. Ich schreibe die Wörter wie ein Automat.

Madame Bianchotti wollte ihren Sohn rächen. Sie, die ich niemals anders als in nassen Taschentüchern gesehen hatte, ist plötzlich ganz trocken geworden. Ihr Mann hat wieder angefangen zu sprechen und das Foto seines Erinnerungs-Sohnes stehenlassen.

– Die Schweine, die Schweine! hat sie gesagt. Sie hatten kein Recht, das zu tun.

Sie ging weg, um Neuigkeiten einzuholen, und die Neuigkeiten sprachen von Tausenden von Verhaftungen in ganz Paris und den Vororten.

– Du wirst einige Tage hierbleiben. Und dann, du wirst sehen, kommt alles in Ordnung.

Um die Wahrheit zu sagen, ist wirklich alles in Ordnung gekommen. Nach und nach kommt immer alles wieder in Ordnung. Alles muß schließlich vorbeigehen. Wenn man aber alles zusammenzählt, wie heute, sind das Ordnungen, die einen zum Wahnsinn oder zur Raserei treiben. Ich weiß nicht, ob man die Wahl hat. Es gibt Stunden, in denen ich glaube, daß ich verrückt bin, daß ich verrückt werde. Gleichzeitig weiß ich aber, daß die Wörter auf dieser Seite beweisen, daß ich mich entschieden habe zu leben, egal zu welchem Preis. Eine Entscheidung, die keine ist. Es ist eine Kraft, die von ganz weit unten aus der Tiefe kommt und noch stärker ist als der Schmerz.

Madame Bianchotti hat mir keine Zeit gelassen, an meine Eltern zu denken. Bloß einen Tag, jener Tag am Morgen der Verhaftung, mehr nicht. Zwei Etagen unter mir war mein Zuhause, und ich hatte nicht mehr das Recht, dorthin zurückzukehren. All meine Sachen waren noch da, meine Hefte, meine Bücher, meine alten, sorgsam eingewickelten Plüschteddys und meine kleinen bleiernen Radrennfahrer. Lauter Nichtigkeiten, die doch alles bedeuteten. Den ganzen Tag habe ich an die Sachen gedacht, während ich auf dem Bett des Toten lag. Auch ihn würde ich rächen. Und zwischen zwei bösen Gedanken begann ich zu schluchzen. Papa und Mama! Mama und Papa! Wohin haben SIE euch gebracht?

– Zuerst zur Marcelin-Berthelot-Schule, dann mit dem Bus zum Vélodrome d'Hiver, sagte mir Madame Bianchotti.

Den ganzen Tag war sie in Paris herumgelaufen. Und sie wußte sehr viele Dinge! Zum Beispiel, daß gerade eine zweite Razzia stattgefunden hatte, die aber ein ziemlicher Fehlschlag gewesen war, weil die Leute gewarnt worden waren.

Und dann hat sie mir, ohne daß ich sie darum gebeten hätte, einen Paß hingehalten. Einen perfekt richtigen falschen mit dem Foto von dem davor. Auch hatte ich meinen Namen geändert, und das JUDE war verschwunden.

Ich hieß nun David Larcher. Ich habe sie immer wieder angesehen, weil ich es gar nicht glauben konnte. Wie hatte sie das bloß geschafft? Ich wußte genau, daß sie etwas vorbereitete, denn sie hatte mich nach meinen Papieren gefragt, bevor sie wegging, „um Einkäufe zu machen".

– Es gibt noch anständige Leute in Frankreich, sagte Madame Bianchotti einfach, wirklich anständige Leute ... Mehr sagte sie nicht, denn sie hatte Geheimhaltung versprechen müssen.

Ich meinerseits habe sofort, als ich erfuhr, wo sie waren, alles mögliche zu ihrer Befreiung überlegt. Aber wie sollte ich vorgehen? Wie konnte ich es schaffen, sie zu sehen? Madame Bianchotti hielt mich ja gefangen.

Ich bedaure es, Madame Bianchotti, daß ich im Zimmer Ihres toten Sohnes, wo Sie mich eingeschlossen hatten, alles verwüstet habe, daß ich das Kruzifix zerbrochen und das Foto von Bernard zerrissen habe, daß ich das Fenster geöffnet und herausgeschrien habe, man soll mir meine Eltern wiedergeben. Verzeihung, daß ich den großen Schrankspiegel in tausend Scherben zerschmissen und die Hemden und Anzüge Ihres Sohnes in Fetzen gerissen habe. Aber ich weiß, daß Sie mir verziehen haben. Sie haben mir sogar die Tür geöffnet, bevor ich sie mit dem Stuhl, den ich kaputtgemacht hatte, und der Nachttischplatte, mit der ich das Schloß bearbeitete, einschlagen konnte.

Ich habe mich in Ihre Arme geworfen. Dort war alle Wärme, die ich erbetteln konnte. Mein Körper war ganz kalt, obwohl ich in Schweiß gebadet war. Sie haben mich ohne ein Wort des Vorwurfs getröstet.

Adieu Montreuil, meine Stadt, die es nicht mehr war. Mit meinem kleinen Koffer folgte ich Madame Bianchotti zum Nordbahnhof. Während der ganzen Fahrt ließen Sie mich meinen neuen Namen samt der dazugehörigen Geschichte wiederholen. Im Zug haben mich die Deutschen bei den Kontrollen in Ruhe gelassen. Erst als ich aus dem Zug ausstieg, kam die Überraschung. Ich war immer noch in Montreuil. Als wäre mir meine Stadt an der Haut klebengeblieben. Auf dem Bahnsteig stand in riesigen Buchstaben: MONTREUIL-SUR-MER.

Eine endlose Reise mit einer alten, ganz in Schwarz gekleideten Dame, die mir nichts davon sagen sollte, daß ich in die Hände von Herren fallen würde, die wie sie schwarz gekleidet waren, allerdings ohne in Trauer zu sein.

Ein großes, riesiges schwarzes Gebäude neben einer Kirche. Madame Bianchotti brachte die Portalglocke zum Klingen. Ein Priester öffnete.

– Ich möchte gern den Abt sprechen. Sagen Sie ihm bitte, daß seine Schwester auf ihn wartet.

Der Mann in Schwarz ließ uns am Eingang zurück. In einem Reflex griff ich nach der Hand von Madame Bianchotti, die genauso überrascht aussah wie ich. Und erst am Ende dieser langen Reise hat sie mich dann angelächelt.

– Du wirst sehen, sie werden gut für dich sorgen. Du brauchst keine Angst zu haben. Vertraue mir.

Wie sollte ich ihr sagen, daß ich zu niemandem, absolut niemandem mehr Vertrauen hatte! Auch nicht zu dem Mann in der Soutane, der auf uns zukam. Er umarmte Madame Bianchotti. Ich sah, daß er zufrieden und neugierig aussah.

– Kommt!

Ich folgte ihnen durch die Arkaden des Innenhofes bis zum Büro in der ersten Etage. Eine erschreckende Stille herrschte in dem, was ich für eine Schule hielt. War es etwa ein Gymnasium? Etwas war da, das mir bekannt vorkam. Aber vor der Tür des Abtes mußte ich noch warten. Den Koffer stellte ich neben mich auf den Boden.

Montreuil-sur-Mer. Montreuil-sur-Mer. Und langsam stiegen die Tränen hoch. Montreuil-sur-Mer. Mama!

Madame Bianchotti umarmte mich fest, sehr fest, ihre beiden Hände lagen auf meinen Wangen.

– Du bist gerettet, David. Tu alles, was mein Bruder dir sagt. Er kennt deine Geschichte. Er weiß alles . . . Für deine Eltern werde ich mein Möglichstes tun.

Dann ist sie fortgegangen. Auf meinen Schultern

spürte ich kurz den Druck einer Hand, die schnell zurückgezogen wurde. Trotzdem war Wärme in dieser Geste.

Und die kleine Silhouette von Madame Bianchotti verschwand in Richtung des Portals.

Herr Abt, ich freue mich über die Unordnung, die ich verursacht habe, darüber, nichts getan zu haben, damit Sie mir halfen, mir zu helfen. Ich weiß, daß Sie mich nicht demütigen wollten, aber Sie haben es getan. Mein Herz war voller Haß, genauso wie heute. Ich habe mich vielleicht für einiges zu entschuldigen, aber nicht mehr. Sie haben so gehandelt, wie Sie es für richtig hielten. Ich habe so gehandelt, wie ich es mußte.

Sie haben mich gezwungen, jeden Sonntag zur Kirche zu gehen, Gymnastik auf Ihrer Kniebank zu machen. Sie haben mich gezwungen, Ihr Vaterunser aufzusagen, Sie wollten mich so bearbeiten, daß ich nicht mehr ich selbst war. Was Sie aber nicht wußten, war, daß in der Tasche meines Anzugs wie ein durch Unachtsamkeit vergessenes Taschentuch dieser hübsche gelbe Stern geblieben war, der bezeugte, wer ich war.

Ich mußte jeden Morgen vor Unterrichtsbeginn beten. Ich war gezwungen, Ihre Predigten anzuhören, in denen man dem Herrn danken mußte. Und ich habe zugehört . . .

Danke Herr, daß du mir meine Eltern weggenommen hast. Danke Herr, daß ich mich verstecken muß, um zu leben. Danke Herr, daß ich keine Briefe von niemandem erhalte. Danke Herr, für das Mauseloch, das du mir gegraben hast, in dem ich während der ersten Zeit beim Aufrufen meines falschen Namens den Idioten suchte, der nicht wußte, wer er war. Danke Herr, daß ich das Internat kennenlernen durfte, ein religiöses Gefängnis, in das von außen nur die Nachrichten vom Sonntagabend sickerten, wenn die Glückspilze, die eine Gastfamilie in der Stadt hatten, nach Hause kamen.

Schluß mit dem Danke. Schluß mit dem Mitleid. Ich habe Sie dafür gehaßt, Herr Abt, daß ich an Ihrem Religionsunterricht teilnehmen mußte, wo die Juden die Mörder Christi waren. Aber ich habe sehr genau begriffen, daß Ihr Christus Jude war. Warum also die vielen Lügen? Ich habe Sie dafür gehaßt, mich bekehren zu wollen.

Im ersten Monat war ich zu durcheinander, um mich zu wehren. Ich habe mich dann schnell gefangen. Draußen war der sichere Tod. Bei Ihnen war es ein anderer Tod, im Schutz hoher Mauern, hinter denen die einzige Realität Lokativ, Dativ, Ablativ und anderer Blödsinn hieß, als die Nazis Ordnung stifteten. „Jesus Mist, Jesus Mist", habe ich mir während der langen Messen unaufhörlich gegen Ihren Jesus Christ wiederholt.

Und erinnern Sie sich daran, wie Sie mich riefen, um mir zu erklären, daß ich wie alle anderen sein mußte, daß ich nicht auffallen durfte, weil das schlimme Folgen haben konnte? So viele Vorsichtsmaßnahmen! Wie ich sie ignorierte. Vierzig in einem Schlafsaal. Findet den Juden! Ein neues Spiel. Man hätte ihn nicht an seiner Nase erkannt, sondern an den Tränen, die wie im Land von Milch und Honig flossen, von dem in Ihren Predigten immer die Rede war. Und dann haben Sie mir die Beichte erklärt, die Kommunion und fast auch noch die Taufe. Es störte Sie, mit Gott nicht ganz im reinen zu sein ...

Ich bin vielleicht ungerecht. Ich unterstelle Ihnen vielleicht Absichten, die Sie gar nicht hatten. Aber ich weiß nicht, gegen wen ich sonst wüten sollte.

Verrückt. Sie haben mich verrückt gemacht. Jeden Abend nach dem Gebet und dem Löschen der Lichter dachte ich an Rache. Ja, ja, Sie haben mir das Leben gerettet, aber nur, damit ich auf eine noch grausamere Art krepiere. Krepieren durch das Denken, das sich wälzt und wälzt und davonfliegt zum Foto meiner Eltern, das ich aus dem kleinen Schränkchen am Kopfende des Bettes holte. Ohne jemanden zu wecken, nahm ich es heraus und sah es an. Aber was kann man im Dunkeln schon sehen? Alles. Bis ins kleinste Detail. Papa links, Mama rechts. Und den Ausdruck ihrer Gesichter, ihre Kleidung ... Papa und Mama waren da, immer, auswendig. Und dann die Abende riesiger Traurigkeit, an denen ich nicht einmal mehr die Kraft hatte aufzustehen. Wenn ich mir dann plötzlich, trotz aller Anstrengung, ihr Gesicht nicht mehr vorstellen konnte. Ich schaffte es nicht, es war unmöglich. Ich versuchte es und erschöpfte mich bis zum Umfallen. Man mußte mich schütteln, damit ich aufwachte. Und ganz plötzlich, ohne daß ich danach gesucht hätte, tauchte ihr Bild vor mir auf und machte meinen Tag feucht.

Und dann die Wut, die sich immer mehr steigerte.

Sonntag und wieder Messe. Ich bin zum Altar vorgegangen, die Hand lag auf meiner Brust. Es war vollkommen unerwartet. Ich spürte, daß alle Blicke auf mich gerichtet waren. Die Priester haben es nicht gewagt, mich aufzuhalten. Und bevor dann die Zeremonie begann, habe ich mich zu all denen umgedreht, deren Namen ich nicht kannte, von deren Existenz ich nichts wissen wollte. Ich habe die Hand von meiner Brust genommen, und der gelbe Stern hat sie mit seinem Schmutz bespritzt. Ohne ein Wort bin ich dann zurück in meinen Schlafsaal, mein Bett gelaufen.

Wie sanft er sich anfühlte, dieser gelbe Stern, der mit einer in der Wäscherei gestohlenen Sicherheitsnadel nur locker befestigt war. Ein Stoffstück der Unehre, das mich mir selbst zurückgab.

Durch meine verrückte Tat war ich nicht mehr verrückt. Ich lag ausgestreckt auf meinem Bett, auf dem Rücken, ruhig atmend, meine dicken Galoschen auf der Bettdecke. Nichts konnte mir mehr geschehen, weil ich wieder wußte, wer ich war.

Ich erinnere mich noch an mein langsames, tiefes Atmen, während ich mein Stoffstück streichelte.

Zum ersten Mal, Mama und Papa, seid ihr mir erschienen, und ich hatte ein Gefühl der Freude, das ich so lange Zeit vergessen hatte. Dieser gelbe Stern vereinigte uns nach langen Monaten von neuem. Ihr habt ihn getragen, als SIE kamen, um euch festzunehmen. Ich trug ihn wie ihr, wie vorher, als wenn ich bei euch wäre. Ein Morgen voller Wärme. Ich hatte euch wiedergefunden.

In seinem gebohnerten und kahlen Büro hat der Abt nicht gewagt, mir zu befehlen, „das“ abzunehmen. Ich sah seine wütenden Augen. Er sah meine, noch wütender.

Dann hat er sich erhoben und kam auf mich zu. Er fuhr mit seiner Hand über meine rasierten Haare. Ich habe mich schnell weggedreht, doch er war schneller.

– Ich werde für dich beten, David. Von heute an gehörst du nicht mehr zu uns. Aber ich werde dich nicht verlassen …

Ob er wohl noch für mich betet, der Herr Abt? Dort, jetzt, genau in diesem Augenblick? Er hat mich vergessen. Aber wenn er jemals sein Versprechen hält, soll er noch andere Vornamen zu denen fügen, die er mir gegeben hat! Er soll für sie beten, wenn es etwas nützt, wenn es ihm Spaß macht, wenn er daran glaubt. Ich denke an sie: Das ist alles, hier, inmitten der Stille und der Sonne, die jetzt den Klassenraum füllt. Er soll sie dem großen Register hinzufügen, in dem Gott die guten und schlechten Taten aufführt. Er war es, der mir das beigebracht hat. Vielleicht hat Gott nicht genug Tinte in seinem Federhalter. Er soll beten, daß genug Fläschchen Waterman blau vorhanden sind. Ich meinerseits habe nur einen schwarzen Bleistift, der sich zu schnell abnutzt, und meine karierten Blätter.

Trotzdem stimmt es, daß mich der Abt nicht verlassen hat. Ein bißchen. Bloß eine Woche, in der ich von den Gebeten ausgeschlossen und in der Krankenabteilung untergebracht war. Womöglich hätte ich die anderen mit meinem Stern anstecken können.

Eine Woche, in der ich ich selbst sein konnte, meine eigenen Kleider tragen durfte, jene, die ich zu Hause gestohlen hatte und die von Mama genäht waren. Schluß mit der blauen Uniform und der Bluse. Niemals werde ich das Glück beschreiben können, wieder in meine Kleider hineinzuschlüpfen, auf mir den Geruch des Hauses zu spüren, von dem ich sicher war, ihn wiederzuerkennen. Wie ein menschlicher Hund habe ich meine Kleider beschnüffelt. Etwas von dem, was ich gewesen war, blieb darin. Ich war frei. Der Unterricht war nicht länger Pflicht. Ich würde weggehen. Ich wußte es. Und ich habe mir sogar erlaubt, mich auf dem Rasen des Klosterhofes auszustrecken. Aber die Angst kehrte langsam zurück. Was sollte ich tun, wenn ich meinen Koffer wiederhatte, ganz allein vor dem Tor des Internats?

Eines schönen Nachmittags kam der Abt zu mir, während ich einen Stein nach dem anderen in den Klosterhof warf und mich zum Sterben langweilte.

– Du gehst weg, David. Alles ist bereit. Ich habe dir gesagt, daß ich dich nicht vergesse.

Und wieder stieg die Panik in mir hoch. Ich hätte mich gern an Sie gedrückt, Herr Abt, damit Sie mich beschützen. Ich weiß, daß Sie das in meinen Augen gelesen haben. Ich weiß es, weil Ihre Augen sanft, freundlich geworden sind. Ich weiß, daß Sie mich an diesem Tag, in dieser Minute respektiert haben. Sie wußten, welche Hilflosigkeit sich hinter dem Stolz eines Jungen verbarg, der Ihnen getrotzt hatte. Ich hätte mich gern an Ihre Soutane geklammert. Statt dessen habe ich nur die Fäuste geballt.

Ohne daß Sie das kleinste Wort gesagt haben, bin ich Ihnen bis in Ihr weit geöffnetes Büro gefolgt.

Dort stand ein Mann, der uns den Rücken zukehrte. Er betrachtete die Fotografie des Marschalls und das genau darunter hängende Kreuz.

Ein Mann in einem dunklen, gutgeschnittenen Anzug. Sie sind hineingegangen, während ich es nicht wagte, die Schwelle zu übertreten. Der Mann drehte sich noch immer nicht um. Zu seinen Füßen stand ein Koffer, den Sie mich bitten ließen zu packen.

Plötzlich kehrten die furchtbaren Bilder zurück. SIE waren gekommen, meine Eltern zu holen. ER kam, um mich zu holen. Ich schwöre, daß ich nicht gezittert habe. Niemals würde ER mich kriegen. Im Bruchteil einer Sekunde rannte ich los. Auf der Treppe hielt ich mich am Geländer fest und nahm vier Stufen auf einmal. Noch mal übersprang ich vier Stufen und stürzte kopfüber, vollkommen fertig.

Als ich die Augen öffnete, stand der Mann mit dem

Koffer vor mir, während der Abt mich am Nacken hielt. Mir fehlte nichts. Mit einem Sprung stand ich wieder auf den Füßen. Der Mann mit dem Koffer hat mich am Handgelenk festgehalten, auf die Gefahr, es mir zu brechen.

– Es ist alles vorbei. Hab keine Angst.

Er trug einen Schnurrbart und dicke Brillengläser.

– *Ourem Kind,* sagte er zu mir.

Und ich habe verstanden. In meinen Ohren sang die magische Sprache von Papa und Mama. Der Mann mit dem Koffer sagte dieselben Wörter wie sie, auf Jiddisch: „armes Kind".

Ich habe mich an ihn geschmiegt. Er würde mich vor dem Unglück beschützen.

Danke, Monsieur, dessen Namen ich nicht kenne. Danke, Herr Abt, daß Sie mich ihm anvertraut haben.

Er hat meinen Koffer genommen, seine Hand auf meine Schulter gelegt, und die hohen Mauern öffneten sich.

Frei. Endlich frei. Ein langer, langsamer Marsch zum Bahnhof, während mir im Kopf eine Frage herumging, die ich nicht zu stellen wagte. Ich betrachtete die Schaufenster, die Fahrräder, die wenigen Autos, die Schlangen vor den Geschäften. Und dann kam die riesige Frage mit einer ganz kleinen Stimme heraus, genau vor dem Bahnhof.

– Bringen Sie mich zu meinen Eltern zurück, Monsieur? Hat man sie gefunden?

Er hat nicht so getan, als ob er mich nicht verstanden hätte. Er stellte meinen Koffer ab und nahm mich bei den Schultern. Er sah mir gerade in die Augen.

– Hör zu, David. Zwischen uns wird es keine Lügen geben. Ich weiß nicht, wo deine Eltern sind, was aus ihnen geworden ist. Wir werden alles tun, um sie wiederzufinden. Aber das, was zählt, ist dein Leben. Ich werde dich an einen sicheren Ort bringen. Ich bin Jude wie du. Ich habe die Aufgabe, die jüdischen Kinder zu retten. Frag mich nicht nach meinem Namen. Vergiß deine Stadt, dein Haus, deine Eltern. Rette dein Leben, deines. Du weißt, man hat nur eines.

Niemals werde ich Ihre Worte vergessen, Monsieur, dessen Namen ich nicht weiß, ohne Akzent und mit Schnurrbart. Sie hatten recht, trotz meiner Tränen und der Limonade, die Sie mir am Bahnhofsbuffet spendierten. Leben. Leben bis zum Tod. Der Rest . . .

Er kam im Zug nach Paris wieder an die Oberfläche, wo ich den Nazisoldaten meinen echten falschen Ausweis zur Kontrolle zeigen mußte.

Ich erinnere mich, daß ich meinen Kopf an Ihre Schulter gelehnt habe. Eine riesige Wärme.

Paris. In wenigen Stunden Paris. Und Montreuil, mein Zuhause, nur wenige Metrostationen entfernt. Aber ich werde nicht hingehen. Meine verbotene Straße, mein verbotenes Haus, das geschlossene Geschäft. Oh, Monsieur, nur ein kleiner Umweg, bitte, ein ganz kleiner, klitzekleiner Umweg. Eine Minute. Vielleicht sind sie ja zurückgekommen. Und wenn sie nicht da sind, könnte ich wenigstens zu Madame Bianchotti gehen. Nein. Das alles war verboten, und ich wußte es. Und dann die Tränen, ich hatte keine mehr.

Den Kopf immer noch an Ihre Schulter gelehnt, bin ich eingeschlafen.

Wenn ich es in diesem Augenblick tun könnte, hier, jetzt. Wenn ich den Kopf auf meine Arme legen könnte, hier auf das Schülerpult, an dem ich schreibe, ich würde es tun. Aber ich werde nicht aufhören zu schreiben, ehe alles gesagt ist. Die Wörter tanzen mir vor den Augen, aber ich werde nicht aufgeben. Meine Schrift wird immer enger und schneller. So schnell wie möglich alles sagen und dann schlafen ...

Ich habe nicht alles gesagt. Ich habe mein Versprechen nicht halten können. Ich weiß nicht, was passiert ist. Gerade bin ich aufgewacht, lang auf dem Boden liegend. Unmöglich zu sagen, wie lange ich so gelegen habe. Ich weiß nur, daß es früh ist, daß ich in die Küche gegangen bin und drei Spiegeleier mit einem riesigen Stück Brot gegessen habe. Draußen geht die Sonne auf. Der Park ist von weißem Rosa überschwemmt. Es ist schön. Ich habe meinen Stift wieder aufgenommen. Mir ist kalt. Ich bin in den Schlafsaal gegangen und habe zwei Decken geholt. Eine über den Rücken, eine um meine Beine gewickelt.

Monsieur, dessen Namen ich nicht kenne, Sie haben mich hierhergebracht. Beim Umsteigen in Paris war es von einem Bahnhof zum anderen nur ein Katzensprung. Wir mußten warten, und die Erinnerungen kamen zurück, stiegen so schnell und stark in mir auf, daß ich einen Augenblick daran dachte, wegzulaufen.

Genau in diesem Moment haben Sie mich angesehen. Ich weiß, daß Sie es erraten hatten. Und hinter Ihren dicken Brillengläsern sah ich eine Träne.

Vielleicht haben SIE Ihnen Ihre Familie auch weggenommen? Vielleicht hatten wir dort im Wartesaal der zweiten Klasse dieselben Gedanken? Vielleicht hatten Sie eine Frau und Kinder, von denen Sie nicht wußten, wo sie waren. Aber ich durfte nicht darüber sprechen und Sie danach fragen.

Ich erinnere mich nur daran, daß ich meine Hand auf die Ihre gelegt habe und Sie sie nicht weggezogen haben.

Vielleicht wollten Sie ja auch weglaufen, um Ihre Straße und Ihr Haus wiederzusehen.

Und meines? Wenn nun andere mein Zimmer genommen hatten, meine Sachen, die Sachen von Mama und Papa? Wenn ...

Und die Tränen sind wiedergekommen, ohne daß ich sie zurückhalten konnte. Aber sie nützten zu nichts, bloß dazu, daß die Kehle weh tat. Das wußte ich schon, weil ich damit bereits viel Erfahrung hatte. Trotzdem liefen sie. Und außerdem ist es nicht wahr, daß man ein Mann ist, wenn man nicht weint.

Ihre Brillengläser waren ganz beschlagen. Gerade wenn man kein Mann ist, kein menschliches Wesen, weint man nicht. Wenn man keine Gefühle mehr hat. Ich aber bin schon fast ein Mann: Niemand wird mich je daran hindern zu weinen.

Ein Wartesaal. Und dann ging der Zug in den Süden.

Warum haben Sie mir Ihren Namen nicht gesagt, wenn auch nur einen falschen? Ich hätte Sie während der vielen Stunden, die wir zusammen auf der Holzbank des Abteils im Zug Richtung Brive verbrachten, anreden können.

Ich weiß nicht warum, aber Sie sahen so aus, als hießen Sie Max. Für mich sind Sie also Monsieur Max.

Wir hätten uns so viel sagen können, und doch ist nichts gesagt worden. Bloß einige geflüsterte Worte auf dem Gang. Einige Fragen über mein Alter, die Schule, was ich später machen wollte ... Es gab so viele Wörter, die nicht ausgesprochen wurden. Die einfachsten Wörter: dein Vater, deine Mutter, Ihre Frau, Ihre Kinder. Nichts von dem wurde gesagt.

Und doch wurde alles gesagt, in der Sprache der Augen. Auch kurzsichtige Augen können sprechen. Danke, Monsieur Max. Einen Moment lang konnte ich sogar lachen, ich weiß nicht mehr warum, und dabei habe ich Ihr Gesicht gesehen, wie es sich aufhellte. Ja, ich habe gelacht.

Lachen und weinen: leben. Sie haben auch gelacht.

Und es waren Lachsalven – die ersten, die ich hören wollte –, die mich nach einer langen Busfahrt mit Monsieur Max empfingen.

In der Zwischenzeit hatte er mir in G., als wir beide auf der hintersten Bank saßen, das Geheimnis verraten.

– In einer Viertelstunde werden wir ankommen. Du wirst wirklich frei sein. Du kannst dich wieder David nennen, Jude sein, so sehr du willst. Du wirst in ein jüdisches Kinderheim kommen. Du wirst sehen ... Ich selbst fahre wieder weg, um noch andere Kinder zu holen. Du bist kein Kind mehr. Du bist schon groß. In den letzten Monaten bist du sicher viel erwachsener geworden, aber vergiß vor allem nie: Kämpfe, kämpfe bis zum Schluß. Und dann, deine Eltern, weißt du, vielleicht wirst du sie wiedersehen ...

Der Bus hielt vor einem kleinen Laden. Max und ich sind ausgestiegen, und plötzlich verstand ich seine letzten Worte und sein Schweigen während der Reise. Sicher würde ich meine Eltern wiedersehen. Das war die Überraschung, die er für mich bereithielt. Eine Überraschung ohne Namen. Und ich schwöre, daß ich noch nie so schnell gelaufen bin wie auf der Straße, die aus dem Dorf hinausführte auf ein kleines Kastanienwäldchen zu.

Ich wußte, daß sie am Ende der Straße sein würden.

– Und dann, deine Eltern, weißt du, vielleicht wirst du sie wiedersehen.

Das „vielleicht“ habe ich durchgestrichen. Bestimmt werde ich sie wiedersehen. Nur noch wenige hundert Meter, sofort nach der Abzweigung und dem Weg durch das kleine Waldstück. In der Ferne stand auf einem kleinen Hügel ein Gebäude aus rotem Stein. Es war sicher, absolut sicher. Und ich begann, meinen Eltern entgegenzulaufen. Sie waren da, nur noch wenige Schritte. Zur Begrüßung hielten sie ihre Arme ausgestreckt. Ich mußte nur noch eine Treppe hinaufsteigen und die Tür öffnen. Das unaussprechliche Glück.

Die unaussprechliche Verzweiflung. Sie waren nicht zum Treffen gekommen.

Sie haben mich getäuscht, Monsieur Max, Sie genauso wie alle anderen.

Ich weiß, daß ich ungerecht bin. Ich weiß, daß ich allein mich getäuscht habe: Es war meine einzige Hoffnung.

– Und dann, deine Eltern, weißt du, *vielleicht* wirst du sie wiedersehen.

„Vielleicht". Für mich hatte alles an dieser idiotischen, so normalen Hoffnung gehangen. Nein, Monsieur Max, ich bin Ihnen nicht böse. Ich bin Ihnen nicht mehr böse. Ich liebe Sie. Während dreier Tage voller Erschöpfung waren Sie mein Kamerad. Drei Tage voll Trost und verrückter Hoffnung ...

Und dann ein riesiges Haus ohne meine Eltern, die mich erwarteten. Nur Lachsalven und Lieder, die von ich weiß nicht wo kamen.

Monsieur Max war mir inzwischen nachgekommen.

– Wir sind da. Du wirst sehen.

Und ich sah.

Eine kleine Frau mit außergewöhnlichen Augen

kam uns entgegen. Eine kleine, gute Frau, die Monsieur Max umarmte und die mich, ohne daß ich darauf gefaßt war, an die Hand nahm und meinen Namen sagte.

– Komm, David.

Wie konnte sie das wissen?

Monsieur Max ging in das Schloß hinein. Ich blieb bei Madame Lonia, ohne zu versuchen, meine Hand aus der ihren zu ziehen. Ich war besoffen vor Müdigkeit und unfähig zu begreifen, unfähig, meine Enttäuschung – das Wort ist zu schwach – explodieren zu lassen, ich war k.o. Aber die kleine, gute Frau mit ihrer kleinen, festen Hand zog mich in Richtung Park.

– Sieh diese Blume, David. Sie ist schön, nicht wahr?

Mir war Ihre Blume völlig egal, Madame Lonia. Kann eine Blume etwa Eltern ersetzen? Blumen sind dazu da, sie auf Gräber zu legen. Ich hätte Sie Ihre gelbe Blume gern runterschlucken lassen. Aber Sie legten soviel Wert darauf. Dann haben Sie sich niedergebeugt und sie gepflückt. Sie haben sie mir geschenkt, Madame Lonia.

– Nimm, David, sei willkommen bei uns.

In ihrer französisch-russischen Stimme war soviel Wahrheit, daß ich mich mit feuchten Augen und mit der Blume in der Hand auf die Erde gesetzt habe. Sie setzten sich neben mich und warteten ohne Ungeduld darauf, daß ich den Blick, das Leben wiederfand und daß ich die gelbe Blume ansah, meine Hände, die riesige Feldeiche und die ersten Sträucher vor dem Wald, ganz hinten im Park. Und darauf, daß mein Blick noch einmal Ihren traf, deinen, Lonia, die mir beigebracht hat, dich zu duzen.

– Das wirkliche Leben fängt an, David. Hier hast du nichts zu verbergen, nichts vor dir zu verbergen. Schluß mit den Lügen. Du vergißt alle Geschichten, die Geheimnisse, das falsche Leben, das du erzählen mußtest, dir selbst erzählen. Hier bist du Jude, Sohn von Juden. Das ist eine Ehre, David, während es doch die normalste Sache der Welt sein sollte.

Und Lonia sprach weiter, während ich im Gras einschlief, befreit von so vielen Monaten falschen Lebens, falscher Identität, allem Falschen. Vielleicht muß man wieder man selbst sein, um einzuschlafen. Jedenfalls erschöpft. Und als ich einen Kuß spürte, bin ich nicht aufgesprungen. Ich war glücklich. Ich dachte nicht einmal an meine Eltern.

Beim Erwachen war Lonia immer noch da. Sie saß in ihrem blauen Rock im Gras, war aber nicht mehr allein, sondern von Kindern allen Alters umgeben, die in der Runde warteten. Und sofort, als ich die Augen öffnete, hob ein sanftes Lied an:

Ein Willkommen für dich
Guten Tag, guten Tag
Laßt fröhlich uns singen, tralala.

Ewig werde ich mich an diese idiotischen Wörter erinnern, die beim Aufschreiben so lächerlich klingen und doch so ernst und wahr sind, an dieses Lied von einer schwachsinnigen Einfachheit, in dem sich Akzente mischten, die mich an die Stimme meines Vaters erinnerten. Ich habe gezittert. Gänsehaut. Aber keine Träne.

Da waren zwei ganz winzige Zwillinge mit Zöpfen und ein riesiger behaarter Junge in Shorts.

Ein Willkommen für dich
Guten Tag, guten Tag
Laßt fröhlich uns singen, tralala.

Das ist alles, was ich gesehen habe. Die anderen lernte ich nach und nach kennen. Sie haben mich bis zur Treppe begleitet.

Ich habe mich umgedreht. Lonia folgte ihrer kleinen Welt mit einem Lächeln auf den Lippen.

– Wie heißt du?

– Woher kommst du?

– Wie bist du geflohen?

– Wo sind deine Eltern?

– Hast du schon was gegessen?

– Haben die Boches dich gefoltert?

Ida. Rachel. Samuel. Helene. Eure Namen kommen einer nach dem anderen zu mir zurück. Maurice. Hannah … Ihr alle, selbst wenn ich euch manchmal verabscheut habe, wenn ich Lust hatte, euch eins aufs Maul zu geben. Ihr alle, mit denen ich gelacht habe, eure Namen müßte man in eine lange Liste schreiben. Ich habe nicht die Kraft dazu. Ihr müßtet hier sein, jetzt, neben mir: Ich bin allein.

Ihr habt mich besoffen gemacht mit euren Fragen.

– Und deine Eltern, hat die Gestapo sie gequält?

– Bei mir haben sie meinen Bruder auf offener Straße getötet, aber vorher hat er es noch geschafft, *einen* von IHNEN zu töten. Ihr sprudeltet los und hattet dem Neuen, der ankam und in der Abgeschiedenheit der Lot-Region noch mehr Leid als sein eigenes traf, so viel zu sagen.

Und dennoch, nie hat euer Unglück meines ausgelöscht. Man teilte, das war schon gar nicht so schlecht.

Wie sollte ich euch antworten, euch, die ich ja noch gar nicht kannte?

Und dir, Perla, der kleinsten, fünf Jahre groß? Du hast mich an den Shorts festgehalten. Mit deinen kleinen Händen hast du ganz stark gezogen, damit ich dich ansehe. Und du hast mich gefragt:

– Sag mal, hast du nicht meine Mama gesehen, da, wo du herkommst?

Meine Eltern, deine Eltern, weggerissen von einem Wirbel, den die hohen Mauern der Priester mir verborgen hatten. Ich war zu müde, um nachzudenken. Immer noch hielt ich die gelbe Blume in der Hand. Als würden sie mich tragen, haben mich die vielen Kinder, kleine und große, zur ersten Etage mitgezogen und mich auf mein Bett im Jungenschlafsaal gelegt.

Erst beim Aufwachen habe ich die Betten gezählt. Zehn Betten. Zehn Kinder. Zwei weitere leere Betten warteten ...

Sie haben mich lange schlafen lassen. Wie viele Stunden? Die Wände waren kahl. Auf meinem Nachttischchen: die gelbe Blume in einem Glas. Damit sie lebt. Und dann ... Ich hatte ihn vergessen. Ich mußte ihm doch Auf Wiedersehen sagen. Monsieur Max, warum war er nicht mehr da?

– Er ist fortgegangen, um noch andere Kinder zu retten, hat mir Lonia gesagt, als sie mich in ihr neben der Küche gelegenes Büro rief.

Ihre Augen konnten nicht lügen.

Auch jetzt noch bin ich sicher, daß er, bevor er weggegangen ist, in meinen Schlafsaal gekommen ist, daß er mich auf die Stirn geküßt hat.

Eines Tages werde ich ihn wiederfinden. Und alle Kinder, die er gerettet haben wird, werden ihn genauso wie ich umarmen.

Ich war in Lonias Büro. Ein Bett in einer Ecke. Ein Schreibtisch, ein Stuhl, ein Blumenstrauß und ein guter Geruch nach Wachs. Lonia hatte sich auf ihr Bett gesetzt. Ich saß auf dem Stuhl.

– Hast du gut geschlafen, David? Du hattest es auch bitter nötig ... Aber bevor du zu den anderen gehst, muß ich dich warnen. Hier herrscht Freiheit, aber auch und vor allem gegenseitige Hilfe. Verstehst du, David, *gegenseitige Hilfe*.

O ja, ich hatte verstanden. Es lag ein solches Gewicht in dem, was sie sagte, so ein singender Akzent.

– Hier hängt jeder vom anderen ab. Und weil du zu den Größten gehörst, wirst du dich, wenn ihr euch kennengelernt habt, um die Kleinsten kümmern, ihnen helfen, du wirst ihnen Geschichten erzählen, etwas erfinden ... Ich habe Vertrauen zu dir. Vertrauen zu jedem von euch.

Ich trank ihre Worte, ganz ernst und davon überzeugt, daß das Böse nicht mehr existierte, daß nur der Kummer blieb, ein großer Kummer, der vielleicht vorbeigehen würde.

Lonia hatte mich überzeugt. Ich wußte nicht wirklich, was sie von mir erwartete. Ich dagegen wußte sehr wohl, was ich von ihr erwartete. Und jetzt ist sie nicht mehr da, auch sie nicht mehr.

Eben habe ich meinen Stift liegengelassen und bin in ihr Büro gegangen. Das Bett ist gemacht. Der Blumenstrauß auf dem Tisch ist verwelkt. Ich werde ihn ersetzen. Lonia, die jeden Morgen um sechs aufstand, die ganz allein ihren Holzfußboden bohnerte und die da war, sobald wir aufstanden, um uns ihr lebendiges Lächeln zu schenken ... Lonia, werde ich sie wiedersehen? Werde ich noch einmal ihre Stimme hören, die selbst dann noch sang, wenn sie drohend und streng war? Sag mir, Lonia, sag, daß wir uns wiedersehen. Wenn ich die Augen ganz fest schließe, höre ich vielleicht, wie sie es mir verspricht.

Die Stille des Hauses macht mir angst. Und doch habe ich nichts zu befürchten. Das Schlimmste ist eingetroffen. Aber ich habe trotzdem Angst. Nichts kann mich mehr erschrecken. Ich habe trotzdem Angst. Angst zu sagen, was passiert ist. Angst vor meiner Einsamkeit, den nicht vorhandenen Geräuschen, vor dem Lachen und den Tränen, den Akzenten aus allen Ländern Europas, die kamen, um sich in einem Tal der Lot-Region zu verlieren: litauische, deutsche, österreichische, tschechische, ungarische, flämische und sogar französische aus dem Süden mit dem „e“ am Ende der Wörter. Eure fehlenden Stimmen sind schwerer zu ertragen als alles andere. Es blieben mir nur die Wände, zu denen ich sprechen kann. Du, Helene, deren Akzent ich immer abscheulich fand, komm zurück und schrei mir in die Ohren. Komm zurück, bis ich davon taub werde. Aber komm zurück, ich flehe dich an, und erzähl mir noch einmal, wie du zu Fuß unbekannte Länder durchquert und hier Frieden gefunden hast, mitten im Krieg. Erzähle. Erzähl doch. Ich will, daß man mir Geschichten erzählt, egal welche, daß man mich nicht mit *meiner* Geschichte allein läßt. Vor allem das nicht.

Schnell, schnell, jemand soll mit mir sprechen, wie Lonia abends, wenn sie in unseren Schlafsaal kam, um eine Geschichte zu erzählen. Ich weiß: Ich spielte den Großen, Stolzen. Die Märchen waren etwas für die Kleinen, nicht für mich. Aber wenn sie wüßten, wie ich zuhörte, um ja kein einziges Wort zu verpassen . . .

Mit einem Buch in der Hand, in das sie nicht hineinsah, setzte sie sich auf einen Stuhl in die Mitte des Zimmers und erzählte eine andere Welt. Ihre Augen sprangen von einem Gesicht zum anderen. Die Kleinsten versteckten sich. Jeden Abend defilierten ein Prinz und eine Prinzessin vorbei, verzauberte Tiere oder echte Kinder mit echtem Leiden, weil sie ihre Eltern verloren hatten, sie dann aber wiederfanden. Lonia hörte das Schluchzen und trocknete am Schluß die Tränen, wobei sie mit einem sanften Wort von einem Bett zum anderen ging: ein Betthupferl.

Ich folgte Sindbad dem Seefahrer, Odysseus, Aladin und seiner Wunderlampe, dem kleinen Däumling. Am Ende ist er reich und kehrt zu seinen Eltern zurück. Meine Tränen liefen, und Lonia wußte es genau. Vielleicht war ich doch noch nicht so groß. Aber mein Leben lang werde ich mich an die Geschichte mit den Räubern erinnern. Ich hatte Angst. Solche Angst, daß ich nachts aufwachte, während der ganzen Monate bevor ich wirklich groß geworden war und andere Geschichten mich weckten, die mich aber mit Freude erfüllten.

Die Geschichte handelte von einem kleinen Mädchen. Weder der Anfang noch das Ende kommen mir in den Sinn. Ich weiß nur noch, daß man ihr einen Brief gibt, den sie beim Ankommen irgendwo abliefern soll. Aber sie weiß nicht, was der Brief enthält: den Befehl, ihr den Kopf abzuschlagen, sobald sie den Brief abgegeben hat. Immer noch habe ich eine Gänsehaut. Ich höre noch ganz genau Lonias Tonfall. Und ich habe

Angst. Angst vor einer Geschichte über gar nichts, während ich doch den Schrecken erlebt habe, von dem ich berichten muß, und nun bringt ein kleines Mädchen mit ihrem Brief alles durcheinander. Ich verstehe das nicht. Nichts mehr. Später, wenn ich Kinder habe, werde ich ihnen niemals die Geschichte des kleinen Mädchens erzählen. Außerdem kenne ich sie ja nicht einmal ganz.

Aber was soll diese blöde Geschichte hier? Ich habe Lust, dich zu erwürgen, dreckige, verfaulte Geschichte, die hierherkommt und mich daran hindert weiterzumachen.

Und dann, was nützen meine kleine Papierfetzen, meine kleinen Geschichtenfetzen? Was nützt soviel Verbissenheit, wenn ich doch sowieso nichts machen kann, nichts, nichts, nichts? Ich höre auf. Ich werde schlafen. Warum soll ich mich zwingen, eine Geschichte zu erzählen, die niemanden interessiert, die den Leuten ganz egal ist, die niemals etwas nützt? Ja, ich weiß, daß ich sie beenden werde, weil ich es geschworen habe, weil ich es euch, Papa und Mama, versprochen habe, für dann, wenn wir uns wiedersehen, aber ich weiß genau, daß wir uns nie wiedersehen. Das ist so furchtbar sicher. Die Hoffnung macht sich aus dem Staub, und die Stunden gehen vorbei. Schlafen, ich will schlafen. Warum soll ich mich umbringen, wenn SIE es nicht geschafft haben? Sie hatten doch immerhin die Mittel dazu. Schlafen, um zu vergessen, vergessen, vergessen. Schlafen und mich selbst in den

Schlaf wiegen. Ich weiß genau, wo ich hingehen könnte, um zu weinen, zu sprechen, aber ich werde es erst tun, wenn das hier fertig ist, wenn ich alles erzählt habe, Wort gehalten habe. Dann geht das Leben vielleicht weiter.

Ich war ganz plötzlich wach, aber unfähig zu der kleinsten Bewegung. Mein ganzer Körper war ein Marmorblock, ohne den kleinsten Sprung. Unmöglich, die Hand auszustrecken, meine Beine zu verschieben.

Ein Gesicht war über meines gebeugt. Ein bekanntes Gesicht. Meine Arme schafften es nicht, seinen Hals zu umfangen, sich auf ihn zuzubewegen. Der dicke Schnurrbart von Monsieur Rigal. Ich muß wohl einen verrückten Ausdruck im Gesicht gehabt haben, als ich auf dem Rücken so dalag, die Augen weit geöffnet, und ihn ansah. Er hatte auf einem Stuhl gesessen und auf mein Erwachen gewartet. Seine großen Bärenaugen. Auf seinem Gesicht war die Spur einer Träne, die er mit seinem Taschentuch schnell wegwischte. Er hat sich die Stirn getrocknet und dabei seine Gendarmenmütze abgenommen.

– Bitte mich, um was du willst, David. Ich werde dir alles, was ich habe, geben, alles ... Ich kam gerade vorbei, wegen der Pfifferlinge ... Und da habe ich mir gesagt, daß du vielleicht zurückgekommen bist.

Eine rauhe Stimme.

– Das ist so furchtbar widerwärtig, was sie gemacht haben.

Unnötig, das zu sagen. Es steht auf Ihrem schlecht rasierten Bart, in Ihren langen Gesichtszügen, Sie, der Sie immer so lustig waren.

Sie waren es, der zuerst umgekippt ist. Sie sind weinend in meinen Armen zusammengebrochen. Sie waren es, den meine Arme umschlungen und schließlich wieder aufgerichtet haben. Meine Hand auf Ihrem Rücken spürte das Schluchzen, das Sie zerriß. David, fünfzehn Jahre alt, tröstet einen fünfzigjährigen Burschen. Absurd. Und trotzdem ...

Dieses unerwartete Erwachen, die Anwesenheit eines Mannes, der seinen Kummer nicht verbarg, eines normalen Mannes, hat mich wieder auf die Beine gebracht.

– Beunruhigen Sie sich nicht, Monsieur Rigal, Sie haben alles getan, was Sie konnten ... Sie können nichts dafür ... Und außerdem nützt das Weinen nichts mehr ... Sehen Sie mich an: Weine ich etwa?

Ich sah seinen großen, frisierten Kopf, wie er sich von meiner Brust erhob, sich würdig wieder aufrichtete und mich entschuldigend ansah. Dann hat er wortlos aus der Tasche seiner dicken Veloursweste ein riesiges Stück Brot und eine Wurst gezogen. Er hat sein Messer genommen und angefangen zu teilen.

Wir haben langsam gekaut. Er saß auf dem Bett von Maurice, der jede Nacht schrie. Morgens erinnerte er sich dann nicht mehr daran.

Maurice, deine Schreie fehlen mir, selbst wenn ich dich oft zum Schweigen bringen wollte und dich am liebsten unterm Kopfkissen erstickt hätte.

Monsieur Rigal wartete auf ein Wort, ein Pardon dafür, daß er sich dem, was er für eine Schwäche hielt, überlassen hatte. Statt dessen habe ich ihn angelächelt, und die Sache war in Ordnung. Ich habe gesehen, wie er schüchtern anfing zu lächeln, und alle beide haben wir gleichzeitig mit den Schultern gezuckt.

– Ich kann dich nicht allein lassen, David. Komm zu uns. Meine Frau wird sich um dich kümmern. Wir haben genug zu essen, du wirst sehen ... Wir werden lachen ...

Danke, Monsieur Rigal. Ihnen verdanke ich das Leben. Aber erst mußte ich noch ein Stück meines Lebens zu Ende bringen, allein, in einem leeren Haus. Danach ...

Ich hatte vor nichts und niemand mehr Angst. Und diesen Gendarmen, der mich manchmal, wenn ich ins Dorf ging, zum Zittern gebracht hatte, weil er ein wenig angesäuselt mit sich selbst sprach, habe ich beim Ärmel genommen, um ihm die vielen Zimmer zu zeigen.

Den Mädchenschlafsaal nebenan, mit einigen noch schlafenden Bären in den ungemachten Betten. Die mit Schätzen vollgestopften Nachttischchen: Kuscheltiere, unschätzbar wertvolle Briefe, Fotos, bei denen ich mir nicht vorstellen wollte, wen sie darstellten.

Den großen Waschsaal mit seiner Reihe von Wasserhähnen. Die Zahnbürsten in den Gläsern und die ganz trockene Marseiller Seife.

Die Küche, in der sich Madame Salviac von morgens

an abrackerte. Ich war schon vorher dagewesen, und die Reste meines Essens standen noch auf dem Tisch.

Vom Fenster aus sah man den Gemüsegarten, der jeden Abend von einer anderen Gruppe gegossen wurde. Die Bohnen, die niemand mehr ernten würde, die Salatköpfe. Die für immer vertrockneten Früchte, obwohl so viele Gießkannen von Hand zu Hand gereicht worden waren und immer gesungen wurde. Auch die Kleinsten schufteten sich ab, weil sie Lonia unbedingt eine Freude machen wollten. Halsstarrig lehnten sie jede Hilfe ab. Auch sie arbeiteten für die Gemeinschaft. Wo ist sie jetzt? Sagt mir, wo ist sie?

Ich weiß, daß Monsieur Rigal, als er mir wortlos folgte, nicht wissen konnte, was sich hinter jedem unordentlich herumliegenden Ding verbarg, das Lonia mit einem einzigen Blick im Bruchteil einer Sekunde an seinen richtigen Platz zurückgelegt hätte. Das Halstuch von Sarah. Sie hing so sehr daran. Es lag da, im großen Speisesaal, auf einem Stuhl. Ich weiß, Monsieur Rigal, die Katastrophe war so enorm, daß die Details Sie nicht interessierten. Für mich war es mein Leben, unser Leben, das an lauter Nichtigkeiten hing. Nichts und wieder nichts, bloß im Vorbeigehen. Das Klavier da hinten, an die Wand gerückt . . . Wenn ich schreibe, dann auch, weil es da war. Ohne es . . .

Mama und Papa, zuerst habe ich Lonia nicht gehorcht, aber es war zu stark. Als ich das Klavier sah, habe ich mich sofort darauf gestürzt, anstatt in der Küche zu helfen. Die Stunden bei der alten Dame-mit-Barthaar-am-Kinn und ihrem Metronom, eure Überstunden ... Für euch habe ich die „Sonatinen" gespielt, die ich geübt habe, weil meine Finger eingerostet waren und lauter falsche Noten das Haus füllten. Mit den Fäusten habe ich auf den schwarzen und weißen Tasten rumgehämmert. Die Wut. Ich habe nicht gemerkt, daß Lonia da war.

– Sich aufzuregen nützt überhaupt nichts, David. Es ist etwas so Schönes, ein Instrument spielen zu können und diese Schönheit anderen mitzuteilen. Fang wieder an, David, fang noch mal an, bis es so schön wie möglich ist ...

Für sie, für euch habe ich wieder angefangen, damit ihr hier seid, bei mir. Und die gesamte kleine Kolonie ist gekommen und hat mich umringt, während ich eine einfache, sanfte Melodie spielte: ein kleines Anfängerstück. Als sie verzaubert Beifall klatschten, begriff ich, daß sie mich adoptiert hatten.

– David, bringst du mir das bei? hat mich die kleine Perla gefragt.

Ich habe sie in die Arme genommen und ihr einen Kuß gegeben.

– David, ich möchte mit dir sprechen, wegen des Klaviers, sagte Lonia. Aber das hat Zeit ...

Sie haben das alles nicht gewußt, Monsieur Rigal, nichts davon. Ich glaube, daß Sie höchstens Splitter davon erahnten, obwohl ich Sie während unserer ganzen Inspektion nicht angesehen habe.

Hinter Lonias Bürotür haben Sie die große Europakarte betrachtet samt den Fähnchen, die Lonia jeden Tag herausnahm und neu einsteckte. Woher konnte sie davon wissen? Vielleicht von den Monsieurs Max, die kamen und wieder verschwanden ...

Einmal pro Woche mußten wir uns auf den Boden setzen. Und sie erzählte uns eine Geschichte, die uns unseren Eltern immer näher brachte. Weil die Fähnchen nämlich von der Landung in Italien und dem Vormarsch der Alliierten berichteten.

– Bald wird es keinen einzigen Nazi mehr geben ...

Ich konnte stundenlang davon träumen, wobei ich die Details von diesem Ende vergaß, das Lonia für bald ankündigte ... Wie sehr ich sie dafür liebte, daß sie mir die Hoffnung zurückgab ... Die ist mit ihr verschwunden, aber sie hat soviel getan. Lonia ... Lonia ... Dein magischer Name, deine magischen Wörter.

– Und dann werden die Sowjets auch auf Berlin marschieren. Vergeßt niemals, was die Kommunisten für euch getan haben. Danach, wenn alles vorbei ist, werden wir ein freies und glücklicheres Frankreich aufbauen ...

Sie sah uns an und war sich plötzlich bewußt, daß sie nicht mehr zu Kindern sprach. Dann fand sie irgendeinen Vorwand, um den Tonfall zu ändern, und befahl Maurice zum Beispiel, sich nicht mehr in der Nase zu bohren.

Ich war der Älteste, und Lonia sah an meinen lachenden Augen, daß ich nicht darauf hereinfiel. Aber ich habe ihre Kommunisten geliebt und angebetet, weil die Welt besser sein würde, weil jeder für die anderen arbeiten und es niemals wieder Krieg geben würde.

Lonia, erzähl mir noch einmal von den Kommunisten, sprich mit mir, sag mir, woraus das Morgen besteht, aus Brot und Rosen, Liebe und Brüderlichkeit ... Sprich zu mir, ich flehe dich an, wo immer du auch bist. Ich brauche deine Stimme, deine Sicherheit, deine Liebe.

Und dann der Klassenraum, wo ich jetzt schreibe und wo ich abends, wenn ich aus der Schule kam, den Kleinen beim Lesen und Schreiben half. Ich dachte zwar an andere Dinge, machte es aber trotzdem.

– Hier, Monsieur Rigal, sehen Sie, er ist leer. Keiner mehr da, absolut niemand mehr.

Und der alte Mann hat mich ganz niedergeschlagen angesehen.

– Halt durch, David, ich komme morgen wieder. Vielleicht habe ich dann Neuigkeiten. Aber vor allem Lebensmittel ...

Vielleicht wußte Lonia, die uns soviel Liebe gab, im tiefsten Inneren gar nicht wirklich, was Liebe war, oder hatte es vergessen. Sie sprach nur davon, während sie bei uns in den Herzen war, sogar bei den Kleinsten. Warum nur hat sie diese Liebe nicht erlaubt, warum ist sie so böse geworden, warum hat sie uns solche Angst gemacht, warum hat sie Maurice und Hannah gedemütigt? Welches Verbrechen hatten sie denn begangen? Sie hat es eines Tages entdeckt, als sie die Zimmer inspizierte. Wir wußten es alle, ohne Böses dabei zu denken, ganz normal. Wann immer möglich, gingen sie Hand in Hand, und es war immer Maurice, dem Hannah den Vorzug gab. Wenn wir im Wald spazierengingen, waren sie immer noch zusammen, und ihre Augen sagten alles.

Eines Abends hat uns Lonia nach dem Essen alle im Klassenraum zusammengerufen. Das war ungewöhnlich. Es war das erste Mal.

Einen Augenblick lang haben wir gedacht, daß alles vorbei, endlich vorbei wäre. Wir haben angefangen zu weinen, uns zu umarmen, irgend etwas zu tun, weil es plötzlich zu stark war und weil alles, was wir seit Jahren erhofften, nun eintraf, ganz ohne Vorwarnung. Wir haben mehr geweint als gelacht. Die Zwillinge haben sich auf den Boden gesetzt und angefangen zu heulen.

– Papa ... Mama ... Endlich. Sie kommen und holen uns ab.

Aber Lonia sah zu streng aus, zu ernst. Es war etwas Schlimmes. Kein Grund zur Freude jedenfalls. Wir sind in den Klassenraum gegangen und haben uns leise schluchzend auf den Boden gesetzt. Sie ist aufs Pult gestiegen. Aus ihrer Bluse hat sie einen Brief gezogen, den sie schon vorher aufgemacht hatte. Es war so still wie in einer Folterkammer, als sie langsam eine Schulheftseite herausnahm und, ohne daß wir darauf gefaßt waren, vorzulesen begann.

Es muß wohl ein Graus für sie gewesen sein, die Wörter auszusprechen, so wie sie das Blatt von sich weg hielt, als ob es die Pest trüge. Dabei waren es nur frierende Liebesworte, sanft wie jene, die ich gerne hören würde. Zärtliche, ungeschickte Worte, die mit einem Kuß auf den Mund endeten, den Maurice Hannah schickte: „Einen Kuß auf den Mund, einen richtigen, nicht wie im Kino. Ich liebe dich, Hannah." Und Lonia hat uns das Blatt gezeigt, auf dem ein wunderschön gemaltes Herz war.

Warum hat Lonia ihnen so weh getan? Warum hat Hannah angefangen zu weinen, nachdem sie rot geworden war? Warum hat Maurice uns alle angesehen, mit den Augen angefleht, ihm zu verzeihen? Was verzeihen? Er hatte nichts Schlechtes getan. Lonia hat sie vor unseren Augen gequält, und das war unerträglich.

Die Kleinen haben ihr zugehört, ohne genau zu verstehen. Was mich angeht, so weiß ich, daß ich ihr deswegen böse war, daß ich mich am liebsten auf sie gestürzt hätte, um ihr den Brief zu entreißen und ihn Maurice wiederzugeben. Sie hatte kein Recht, so etwas zu tun, absolut kein Recht. Ihre strengen, bösen, verletzenden Worte, die so ungerecht waren. Ich wußte das. Die anderen auch, nehme ich an. Aber Lonia machte uns solche angst. Erinnert sie sich wohl noch an ihre Worte? Erinnert sie sich an die schrecklichen Dinge, die sie im Namen der Liebe gesagt hat? Erinnert sie sich daran, daß sie Maurice gezwungen hat, sich selbst zu beschuldigen?

Er mußte aufstehen, uns ansehen und sich für das Schreckliche entschuldigen, das nur das Leben selbst war. Was war böse daran, zu lieben? War es etwa böse, nach fehlender Wärme zu suchen? Sich an die warmen Lippen eines anderen, einer anderen zu schmiegen? Aber für Lonia-ohne-Herz-mit-dem-großen-Herzen war die Liebe bloß Kameradschaft, gegenseitige Hilfe, Solidarität. Kein Wort über unsere Körper. Kein Wort über seine Geheimnisse, die uns nachts und auch tagsüber, während unserer Lektüren, durcheinanderbrachten.

Wir hatten für die Gemeinschaft da zu sein, Schluß aus. Was war mit dir an jenem Tag los, Lonia?

Warum diese gemeine Erpressung, bevor Maurice sich von selbst stellte?

– Und wenn der Schuldige – den ich kenne – sich nicht von selbst stellt, bin ich gezwungen, ihn aus unserer Gemeinschaft auszuschließen, weil er unseres Ideals unwürdig ist.

War sie sich der Schwere ihrer Worte bewußt? Maurice hätte uns verlassen. Hannah, die einen Hauch Wärme wiedergefunden hatte, wäre von neuem allein gewesen.

Es war so hart zu hören, wie Marcel sich die Ohren zuhielt und den Saal heulend verließ.

Lonia hatte nicht das Recht dazu. Sicher hat sie Maurice dann getröstet und von Moral gesprochen, aber sie hat mich verletzt, mich persönlich. Sie hat aus mir den Lügner gemacht, der ich vorher nicht war. Deswegen bin ich ihr böse. Aber dieser Abend hat mir auch das Leben gerettet.

Als sie Maurice beschuldigte, hat sie auch mich beschuldigt, ohne es zu wissen. Auch ich schrieb Liebesbriefe und erhielt welche. Ich versteckte sie in einem in der Erde vergrabenen Schuhkarton, unter den Büschen ganz hinten im Park, wo nie jemand hinkam. Sobald ich wegkonnte, lief ich hin, um sie immer wieder durchzulesen, weil die Worte sanft, warm und beruhigend waren. Jemand dachte an mich, nur an mich, und vielleicht würden wir später heiraten.

Claire. Seit dem schrecklichen Ereignis schreibe ich deinen Namen zum ersten Mal. Aber du bist immer da, in meinem Kopf, in meinem Körper. An dich habe ich zuerst gedacht. Ich habe daran gedacht, zu dir zu laufen, meinen Kopf auf deine Brust zu legen, dich bis zum Ersticken in den Armen zu halten, damit du mir hilfst, mich tröstest. Jetzt, in diesem Augenblick, könnte ich zu deinen Briefen laufen ... Aber ich habe geschworen, daß ich mich nicht eher wegrühre, als bis ich das Unerzählbare erzählt habe. Und dann, vielleicht, ganz sicher, bist du es, zu der ich gehe, um zusammenzubrechen. Was macht das schon, wenn deine Eltern es wissen. Es gibt nichts mehr zu verstecken. Wir werden alles sagen. Sie werden es verstehen. Ich habe niemanden mehr außer dir auf der Welt. Und ich bin bereit zu leben, selbst wenn ich alles umschmeißen, umkippen, kaputtmachen muß. Ich werde leben. Leben. Claire. Seit drei Tagen hast du nichts mehr von mir gehört. Drei Tage des Zweifels, wie damals, als du Grippe hattest und ich glaubte, du hättest mich verlassen. Vielleicht weißt du schon von der Neuigkeit und weinst, weil du glaubst, daß auch ich ... Nein. Ich bin hier. Und du bist es, an die ich denke. Claire. Laß mir nur ein bißchen Zeit. Ich muß berichten. Ich muß.

Eines Abends vorm Schlafengehen, als ich zur Spülgruppe gehörte, zwei Wochen nach meiner Ankunft, kam Lonia zu mir.

– David, komm in mein Büro, ich muß mit dir sprechen.

Wie immer dachte ich sofort, daß du etwas von meinen Eltern wüßtest. Und wie immer war es etwas anderes.

– Von nächster Woche an wirst du ins Gymnasium in G. gehen. Es gibt niemanden hier, der dir bei deiner Schularbeit helfen kann. Und dann, du weißt, Bildung ist heilig. Wissen ist das Kostbarste, was man besitzt, was man den anderen weitergeben kann. Wissen ist ein Schritt in Richtung Gleichheit, Toleranz, Liebe, Gerechtigkeit. Für das Leben muß man bewaffnet sein, nicht nur mit Pistolen und Maschinengewehren. Das Wort ist eine ebenso furchtbare Waffe gegen die Ausbeuter ...

Mir waren die Ausbeuter ziemlich egal. Nur das Gymnasium zog mich an. Ich würde rausgehen können, atmen, draußen sehen, wie alles war. Und dann lernen, lernen, für meine Mutter, für meinen Vater, dafür, daß sie meine Fortschritte sehen, wenn wir uns wieder treffen.

– Noch etwas anderes, David. Zweimal in der Woche wirst du zu Monsieur Legendre gehen und dort Klavierstunden nehmen ... Es stimmt, du hast Talent.

Lonia war nicht darauf gefaßt, daß ich ihr um den Hals fiel und ihr einen Kuß gab. Was sie mir da anbot, war so wunderbar. Sie tat dasselbe wie mein Vater und meine Mutter: alle diese Wunder für mich. Für mich allein das im Dorf geliehene Fahrrad, mit dem ich nach dem frühen, sehr frühen Aufstehen losradelte, über zehn lange Kilometer, bergauf und bergab, durch rosa Morgen, Eis, Schlamm, Regen und Müdigkeit. Ich war wahnsinnig glücklich, selbst dann noch, wenn ich im schwarzen Gymnasium am Fuß der Sankt-Peters-Kirche ankam. Betrunken von Freiheit. Sogar der infame Sadist von Oberaufseher ist mir noch sympathisch erschienen. Manchmal erwischte er einen Sextaner und riß ihm fast die Ohren ab, wenn er ihn in die Höhe zog. Sie waren ein Mistkerl, Herr Oberaufseher, der reinste Dreck. Sie sind es immer noch. Aber durch Ihre Existenz bezeugten Sie, daß ich wie die anderen war, zu ihnen gehörte, daß ich normal war und fähig, bestraft, verspottet und belohnt zu werden. Ja, vor allem belohnt, trotz meiner Kurzatmigkeit wegen der Seitenstiche und der Watte in meinen Beinen. Der Beste im Aufsatz. Überall der Beste. Das war meine Rache, und sie gefiel Lonia sehr. Es war aber eine Rache, die niemandem weh tat. Der Neue war eben begabt, und das war alles. Es gab einige Eifersüchteleien, einige Freunde, aber immer das große, riesige Schweigen am Ende, harmlose Fragen:

– Woher kommst du?

– Was machen deine Eltern?

Dann drehte ich eine Pirouette, riß irgendeinen schlechten Witz.

Es war so gut, wie die anderen zu sein, über nichts zu lachen. Nicht immer Lonias ernster Junge, Lonia, die mich in dieses schwarze, fröhliche Gymnasium geschickt hatte. Der wiedergefundene Geruch von Tinte, Papier und der in knisterndes Papier eingeschlagenen Bücher. Und dann konnte ich mich auch prügeln, einfach so, um nichts. Leben. Leben. Leben.

Aber das Gymnasium war noch gar nichts. Das wirkliche Leben war nämlich bei Monsieur Legendre. Dort war das Klavier, auf dem ich zweimal in der Woche übte.

– Und vergiß deine Übungen nicht, David ...

– Auf Wiedersehen, Monsieur Legendre.

Er schüttelte mir die Hand. Er schüttelte die Hand von Claire. Und wir fanden uns beide auf dem Treppenabsatz wieder, ohne zu wagen, miteinander zu sprechen.

Niemals habe ich das Klavier und die Übungen so sehr geliebt. Sie brachten mich zu ihr, und ich war mit den Gedanken woanders.

– Hör zu, David, du kannst immer zu mir kommen, wenn du über etwas sprechen willst.

Lonia glaubte, daß ich grenzenlos traurig war, angesteckt vom Seelenschmerz der anderen. Einer nach dem anderen geriet da hinein. Der Schmerz der Abwesenheit. Und während ich mich verstellte und log, war ich glücklich, glücklich. Danke, Lonia, daß du mir beigebracht hast zu lügen.

Claire. Je mehr ich schreibe, desto mehr weiß ich, daß ich etwas Furchtbares, Grauenhaftes erzählen werde. Ich will es hinauszögern. Also bist du es, an die ich mich wende, du, die nur zehn Kilometer von hier entfernt wohnt, in einem schönen Haus mit einem Gitter und Garten. Vielleicht kehrst du zu Monsieur Legendre zurück, und ein anderer hat meinen Platz vor dem weißen Klavier eingenommen. Hab keine Angst. Ich werde schnell, ganz schnell machen. Aber du erlaubst mir doch, noch ein wenig zu warten, bevor alles auseinanderfliegt und die Welt ihren Sinn verliert oder wiederfindet, nachdem ich alles gesagt habe.

Ja, ich habe mich in dich verliebt, sofort als ich dich sah. Deine langen blonden Haare, dein leichter Rock, die Sanftheit deines Gesichts, die Zerbrechlichkeit deines Halses. Deine langen Finger, die die Tasten liebkosten. Und die Röte in deinem Gesicht, als du mich angesehen hast. Es war wie in den Büchern, wie in den Filmen. Genau da war die Liebe. Und all meine Nächte gehörten dir.

Am Ausgang des Gymnasiums trödelte ich herum und versuchte, dich zu sehen, bloß zu sehen.

Und dann das erste Mal, als ich dich bis zur Ecke vor deinem Haus begleitet habe, wegen deiner Eltern. Ich redete ununterbrochen. Erinnerst du dich? Ich erzählte dir von einem wunderbaren Dichter. Apollinaire. Aber ich hatte seine Bücher nicht. Ich hatte Gedichte von ihm in der Bibliothek gelesen. Und während ich sprach, sagte ich in meinem Kopf doch immer nur einen einzigen Satz: „Ich liebe dich, liebe dich, liebe dich." Aber den konnte ich ja nicht aussprechen. Dich berühren? Ich mußte doch mit beiden Händen den Lenker festhalten.

Denkst du noch an mich?

Dich sehen, dich hören, deine Arme berühren, deine Hände, deinen Mund. Ich liebe dich. Ich liebe dich. Es ist erst drei Tage her. Drei Tage bloß, seitdem alles zusammenbrach.

Ich hatte von Apollinaire gesprochen. Beim nächsten Mal erzähltest du mir von Rimbaud. Und kurz bevor wir uns trennten, hast du deine Schulmappe geöffnet. Mit einer heftigen Bewegung hast du mir ein Buch hingehalten und bist davongerannt, ohne dich umzudrehen. Ich habe nur noch deine Worte gehört.

– Sieh es nicht an, bevor du zu Hause bist.

Zu Hause!

Ich habe mich nicht daran gehalten. Ein Lesezeichen in der wichtigsten Seite. „Alcools" von Apollinaire. Ich habe am Straßenrand angehalten und gelesen.

Abschied

Dies Heidekraut habe ich gepflückt
Tot ist der Herbst, erinnere dich
Auf Erden sehn wir uns nicht mehr
Geruch der Zeit, ein Heidekraut
Vergiß nicht, daß ich auf dich warte

Der Titel stach mir in die Augen. Alles war aus. Es war ihre Art, es mich wissen zu lassen. Sie hatte sich geschämt. Und sie war weggelaufen. Niemand würde mich je lieben. Ich habe das Gedicht noch einmal gelesen, um sicher zu sein, was du mir sagen wolltest. Und bei der letzten Zeile habe ich dann geweint. Ich war ein Dummkopf, ein doppelter, dreifacher Idiot. Der letzte Vers war mit schwarzem Stift fein unterstrichen. „Vergiß nicht, daß ich auf dich warte."

Wie sollte ich mein Glück ausdrücken? Wie ihr danken? Wie sie lieben? Indem ich doppelt so schnell fuhr, mit meinem Freudengeheul auf dem Weg, mit meinen verrückten Zickzacks. Sie wartete auf mich. Ich wäre am liebsten auf halbem Weg wieder umgekehrt. Das war unmöglich. Und dann war ich so glücklich, daß ich es noch drei Tage aushalten konnte bis zu dem großen Zimmer von Monsieur Legendre, wo ich sie wiedersehen und ihr das Buch zurückgeben würde.

Als ich zurückkam und Lonia mein Lächeln sah, glaubte sie, daß meine Krise vorbei war und mit ihr die Traurigkeit.

– Du siehst, es kommt alles wieder in Ordnung. Man darf nie den Mut verlieren.

Und sie lächelte mich zufrieden an.

Noch nie habe ich vor dem Essen mit soviel Eifer den Kleinen beim Schönschreiben der großen Bs geholfen.

Noch nie brauchte ich nach dem Essen soviel Zeit zum Einschlafen.

Claire war mutiger gewesen als ich.

In meinem Bett, nach der Gutenachtgeschichte, habe ich mir noch andere Geschichten erzählt, die Lonia sich nicht vorstellen konnte und die mein Geschlecht an die Grenze des Erträglichen brachten. Liebe und Schmerz. Liebe und Sanftheit. Liebe und Sanftheit nach jener Explosion, die meine Freunde „spritzen" nannten. Ein schmutziges Wort. Ein Wort, das nichts mit den Gedanken zu tun hatte, die es begleiteten.

Claire, in jenem Augenblick habe ich deinen Körper nackt gesehen, wunderbar, für mich, für mich ganz allein. Und ich gab dir alles, was ich hatte.

Unmöglich, einzuschlafen. Ich bin aufgestanden. Ich nahm die Kerze aus dem Schlafsaal und stieg die Treppe bis zum Klassenraum hinunter.

Für den Fall, daß Lonia mich überraschte, hatte ich meine Schulbücher mitgenommen. Soviel Arbeit für morgen. Und auf ein Blatt, das ich aus meinem Mathematikheft gerissen hatte, schrieb ich die schönsten Liebesworte, die mir einfielen. Auch ich liebte dich. Ich habe deine Haare beschrieben, dein Lächeln, wie wohl ich mich fühlte, wenn du bei mir warst, selbst wenn du kein Wort sagtest. Ich habe dein Buch wieder angeschaut. Nach einem letzten „Ich liebe dich“ habe ich ein PS hinzugefügt: „An deinen Augen haben meine Augen sich langsam vergiftet.“

Wenn du wüßtest, wie viele PS ich noch hinzufügen wollte! Aber ich war betrunken von Liebe und Müdigkeit. Ich habe den Brief zusammengefaltet, ihn in „Alcools“ versteckt und bin eingeschlafen, wobei mir die Spuren auf dem Bettuch, die Spuren meiner riesigen Liebe, total egal waren.

Und dann hieß es warten, bis ich dir den Brief geben konnte. Warten, obwohl ich ihn manchmal zerreißen wollte, weil er zu dumm, zu schockierend, zu ... alles war. Warten auf deinen ersten Blick, als ich bei Monsieur Legendre eintrat. Ich habe gesehen, daß du verstanden hattest. Und dann die Lügen. Die gewonnenen Stunden, weil Monsieur Legendre unbedingt wollte, daß wir ein Konzert gaben ... Lonia hat das alles akzeptiert. Wie hätte ein Kind, das sie erzog, auch lügen können? Unvorstellbar. Unsere langen Spaziergänge. Dein bestürzter Blick, als du erfahren hast, daß ich Jude war. Mein Lächeln, das du nicht gesehen hast, als du in der Messe für mich beten wolltest. Oh, ich hatte dir von meinen vergangenen Leiden nichts erzählt. Sie waren vorbei. Ich war nah bei dir. Das genügte. Niemals, niemals würden wir uns verlassen. Und unser erster Kuß im Wald nach einer neuen Lüge. Dein Körper an meinem. Deine Wärme. Deine Scham. Meine. Unser Verlangen. Unsere Liebe. Komm, bitte komm zurück, ich warte auf dich. Du bist es, die bei mir sein soll. Du allein könntest mir vielleicht die Freude zurückgeben.

Ich dachte unaufhörlich an dich, im Unterricht, in der Stadt, in meinem „Zuhause“, bei den Proben für den 14. Juli, der sich schon lange vorbereitete. Ich hatte dabei nur die „Marseillaise“ auf dem Klavier zu begleiten, während die anderen sangen. Lonia gab sich solche Mühe, uns alles zu erklären. Freiheit, Gleichheit, Brüderlichkeit. Maurice und Hannah würden Ludwig XVI. und Marie-Antoinette spielen. Aber Maurice wollte kein Ausbeuter und Volkstyrann sein. Sonia schaffte es nicht, ihr Stück aus der „Erklärung der Menschenrechte“ zu lernen, die wir im Chor rezitieren sollten. Und Lonia lief von einem zum anderen. Nur Samuel war stolz darauf, Robespierre zu spielen, der die Despoten umbrachte.

Robespierre, der Name meiner Metrostation. Geschlossen. Porte de Montreuil oder Croix de Chavaux aussteigen. Und zu Fuß nach Hause gehen. Ich habe Samuel gehaßt. Ohne daß es jemand verstand, habe ich angefangen zu weinen, als Lonia uns alles über Robespierre, den Unbestechlichen, erzählte. Er wollte eine bessere Welt, in der alle Menschen gleich waren, wie in der Sowjetunion. Niemand, absolut niemand wußte, daß Robespierre auf meiner Metrolinie lag. Mairie de Montreuil. Croix de Chavaux. Robespierre. Porte de Montreuil. Maraichers. Bunzenval. Nation. Papa. Mama.

Lonia hatte keine Zeit, sich um mich zu kümmern. Sie sprach unaufhörlich von den Sansculotten, den verhungernden Bauern, den Lehnsherren, von der Ungerechtigkeit, der Sklaverei, dem Sturm auf die Bastille.

Ich schwöre dir, Claire, es war nur Robespierres Schuld, daß ich dich einen winzigen Moment lang vergessen habe. Verzeih mir, aber es war zu stark.

Und am nächsten Tag war alles vergessen, weil ich dich wiedergesehen habe.

Du hattest gute Nachrichten. Überall wurde verkündet, daß sich die Deutschen zurückzogen, daß immer mehr Züge entgleisten und das Ende bevorstand. Du warst glücklich für mich. Aber auch traurig, weil ich vielleicht weggehen würde, um meine Familie wiederzufinden. Und ich habe gesehen, wie deine Augen ganz betrübt wurden.

Erinnerst du dich, es war vor drei Tagen. Und dann die verrückte Entscheidung, die wir getroffen haben, weil wir uns nicht verlassen konnten.

– Das macht nichts, ich werde Lonia sagen, daß ich aufgehalten wurde, daß es zu spät war zurückzukommen und daß ich bei Monsieur Legendre übernachtet habe. Das geht schon ... Und deine Eltern?

Du hast mit den Schultern gezuckt.

Dann haben wir uns nach Schulschluß im Wald getroffen. Du hattest warme Decken mitgebracht, und wir haben die Nacht ganz fest aneinandergeschmiegt verbracht. Du hast „Nein, ich kann nicht“ gesagt. Ich habe es akzeptiert. Du hast mich gestreichelt, ich habe dich gestreichelt, und wir sind auf dem Moos eingeschlafen.

Bei Sonnenaufgang am nächsten Morgen habe ich dich geküßt und bin weggefahren.

– Bis morgen, Claire. Ich liebe dich.

– Ich dich auch. Bis morgen.

Es gab kein Morgen. Ich bin hier und muß ganz schnell, ganz schnell zu Ende kommen, selbst wenn ich die Einzelheiten vergesse. Ich muß es beenden, ohne zu lügen, ohne zu mogeln. Danach erst wird es vielleicht ein Morgen geben. Heute habe ich nicht die Kraft, mir das vorzustellen.

Der Tag war kaum angebrochen. Ich hatte nichts zu bedauern. Ich hatte getan, was meine Traurigkeit mir diktierte, was mein Verlangen mich zwang zu tun. Um so schlimmer, wenn Lonia mir nicht glaubte und ich ihr Vertrauen mißbraucht hatte. Ich war erschöpft. Ich war stolz. Ich konnte der Welt die Stirn bieten. Nichts war mir mehr verboten.

Ich habe meine Lüge wiederholt, damit sie wahrer klang. Mich bloß nicht verraten. Dich nicht verraten. Ich fuhr ziemlich langsam. Die Nacht war schön gewesen. Einen Augenblick lang wurde mir schwindlig. Nichts Schlimmes. In der aufgehenden Sonne bin ich weitergefahren.

Und dann, ich war nicht darauf gefaßt, genau an der Kreuzung, wo ich von der Straße abbiegen wollte, tauchte Monsieur Rigal vor mir auf. Ich mußte scharf bremsen, wobei er mich rechtzeitig auffing.

– Geh nicht hin, David, geh nicht. Sie sind da. Sie sind da. Komm mit mir.

Ich habe nichts begriffen.

Natürlich würde ich hingehen. Was hatte ich denn zu befürchten? Was sollte das heißen? Ich würde schon sehen. Monsieur Rigal konnte mich nicht zurückhalten. Er lief hinter mir her. Nein, ich habe nicht den direkten Weg genommen. Ich habe mein Fahrrad stehenlassen und ich bin in das Wäldchen gelaufen. Flüsternd hat er versucht, mich aufzuhalten.

– Geh nicht hin, David, ich flehe dich an.

Nein, ich hatte keine Angst, keine Angst. Aber genau in dem Augenblick, als ich das Haus sah, habe ich mich auf den Boden geworfen, und Monsieur Rigal preßte sich dicht an mich.

Vor der Treppe standen ein Lastwagen mit Plane, ein Panzerspähwagen und zwei Motorräder. Ein Mann in schwarzer SS-Uniform brüllte Befehle, die ich nicht verstand.

Meine Beine zittern beim Schreiben. Sie sind einer nach dem anderen mitgegangen. Alle. Sonia, Maurice, Hannah, die beiden Zwillinge, die ganz kleine Perla, Ida, Rachel, Samuel, Helene . . .

Sie haben kaum Zeit gehabt, sich anzuziehen. Einer nach dem anderen, meine Brüder, meine Schwestern, meine Freunde, meine Liebsten. Sobald sie die letzten

Stufe der Treppe erreichten, wurden sie von zwei deutschen Soldaten gepackt und auf den Lastwagen geworfen. Ich wollte mich aufrichten, aber Monsieur Rigal hat mich auf dem Boden festgehalten und mir mit seiner großen Hand den Mund zugehalten. Und dann habe ich Lonia gesehen, als letzte, wie sie die beiden Soldaten zurückstieß und allein auf den Lastwagen kletterte. Der Motor sprang an. Zuerst fuhren die Motorräder ab, dann der Lastwagen, danach der Panzerspähwagen und zum Schluß ein schwarzer Citroën, in den der Mann in Schwarz einstieg.

Sie fuhren in fünfzig Meter Entfernung an uns vorbei. Und in dem frühen, kalten Morgen erklang aus dem Lastwagen die „Marseillaise“, angestimmt von allen Akzenten Europas. Ich habe die Stimme von Lonia erkannt, die kräftiger war als alle anderen. Sie waren alle im Lastwagen. Alle außer einem, der hoffnungslos hinterherrannte, ohne daß Monsieur Rigal ihn zurückhalten konnte und ohne daß er wußte, wohin er lief.

Einer, der in seinem Inneren schreit, einer, der euch verlassen hat. Einer, der euch verraten hat. Einer, der mit euch nicht bis ans Ende gegangen ist. Ein Feigling.

Adieu. Vielleicht ist nicht alles zu Ende, nicht alles verloren. Sagt mir, daß ihr mir nicht böse seid. Sagt, daß ich bei euch bin. Sagt, daß es Monsieur Rigal war, der mich daran gehindert hat. Ich müßte bei euch sein. Dort war mein Platz. Wo ihr auch hingeht, ich bin bei euch.

Ich habe alles gesagt. Das Haus ist leer. Papa, Mama, Lonia, ich habe es nicht mit Absicht getan. Ich schwöre es. Ich bin am Ende. Ich habe nichts weiter zu sagen. Egal, wenn meine Tränen aufs Papier fallen und die Wörter verwischen. Ich habe die ganze Wahrheit gesagt. Auch ich hätte die Marseillaise singen wollen. Ich wurde daran gehindert.

Ich bin fünfzehn Jahre alt. Fünfzehn kleine Lebensjahre. Und wie weiter?

Vor dem Fenster sehe ich Monsieur Rigal, der mir mit großen, schweren Schritten etwas zu essen bringt. Ich habe keinen Hunger.

Lonia, warum hast du sie nicht aufgehalten, damit ich mit euch gehen konnte? Du wußtest genau, daß ich beim Appell fehlte. Du hattest nicht das Recht, mich zu verlassen, mich allein zu lassen, im leeren Haus. Claire.

Zur Geschichte des Zweiten Weltkriegs in Frankreich

3. 9. 1939 Als Reaktion auf den Einmarsch der deutschen Truppen in Polen erklärt Frankreich (wie auch England) Deutschland den Krieg. Es beginnt der „seltsame Krieg“, in dessen Verlauf keine Kriegshandlungen stattfinden, da keine Seite angreift.

10. 5. 1940 Beginn des Westfeldzugs. Deutsche Truppen fallen in Belgien, den Niederlanden und Frankreich ein. Das 1929-1932 gebaute Befestigungssystem an der Nordostgrenze Frankreichs, die Maginot-Linie, die ursprünglich zwei Regionen im Elsaß und in Lothringen umfassen und die Masse der französischen Armee für die Verteidigung der französisch-belgischen Grenze freimachen sollte, versagt. Sie fördert das defensive militärische und politische Denken und bindet mehr Truppeneinheiten als geplant, so daß sie 1940 ihre Verteidigungsfunktion nicht erfüllen kann.

10. 6. 1940 Italien tritt an der Seite Deutschlands in den Krieg ein.

12. 6. 1940 Allgemeiner Rückzug der französischen Truppen. Die französische Regierung flieht aus Paris und erklärt es zur „offenen Stadt“. Es beginnt der sog. „Exodus“: Aus Angst vor den aus dem Norden heranrückenden deutschen Truppen verlassen mehr als zwei Millionen Menschen – vor allem Alte, Frauen und Kinder – innerhalb weniger Tage die Pariser Region. Sie fliehen nach Westen oder Südwesten, um die Loire zu überschreiten, hinter der sie sich vor den Deutschen in Sicherheit wähnen. Die Brücken über die Loire werden allerdings inzwischen von italienischen Flugzeugen unter Beschuß genommen und gesprengt. In einem unvorstellbaren Chaos irren die Menschen umher, Tausende von Kindern werden von ihren Eltern getrennt und Hunderte getötet.

14. 6. 1940 Die Deutschen marschieren in Paris ein.

16. 6. 1940 Der 84jährige, extrem konservative Marschall Pétain, ein Held des Ersten Weltkriegs, der in Frankreich großes Ansehen genießt, übernimmt die Regierung. Seine Pläne sind weitreichend: Er will schnell Waffenstillstand mit den Deutschen schließen, weil er sich davon den Erhalt

eines souveränen französischen Staates unter seiner Führung verspricht. Eine Kapitulation oder den Weg der französischen Regierung ins Exil lehnt er mit der Begründung ab, er wolle Frankreich das Schicksal Polens ersparen: deutsches Protektorat zu werden. Darüber hinaus plant er, in Frankreich eine „neue Ordnung" zu errichten, eine „moralische Wiedererrichtung Frankreichs", worunter er die Beseitigung der demokratischen Republik versteht, die das Land moralisch zersetzt und an den Rand der Auflösung gebracht habe.

22. 6. 1940 Deutschland und Frankreich schließen einen Waffenstillstand, dessen Bedingungen für Frankreich äußerst hart sind. Durch eine Demarkationslinie wird das Land in eine von den Deutschen „besetzte Zone" (sie umfaßt zwei Drittel Frankreichs, samt der gesamten Westküste) und eine „freie Zone" geteilt. Außerdem müssen 1,5 Millionen französische Soldaten bis zum Ende des Krieges in deutsche Gefangenschaft. Darüber hinaus sind von den Franzosen täglich 400 (später 550) Millionen Francs Besatzungskosten zu entrichten. Da sich die Pétain-Regierung rückhaltlos für eine „Kollaboration", d. h. Zusammenarbeit,

mit den Deutschen ausspricht, gestatten es die Deutschen, daß sich die französische Regierung in Vichy, einer kleinen Stadt im unbesetzten südöstlichen Landesteil, niederläßt. Das bedeutet, die französische Regierung bleibt dem Anschein nach souverän, was für die Deutschen den entscheidenden Vorteil hat, sich um die Verwaltung des besetzten Frankreich nicht kümmern zu müssen. In Wirklichkeit ist Pétain aber eine Marionette, die den Forderungen der deutschen Besatzer jederzeit willfährig nachkommt. Allerdings bildet sich auf zwei Seiten Widerstand: In London bildet General de Gaulle, ein ehemaliger Mitarbeiter Pétains, eine Exilregierung und ruft die Franzosen über den Londoner Rundfunk zum Widerstand auf. Und im Inneren Frankreichs regt sich Widerstand vor allem bei den Kommunisten. Im Sommer 1940 beginnen sie mit der Verteilung unzähliger Flugblätter der verbotenen Parteizeitung „Humanité", in der sie die Kollaborationspolitik Pétains anprangern und zum Widerstand aufrufen.

10. 7. 1940 In Vichy beschließt das französische Parlament seine eigene Entmachtung und stattet Pétain mit allen Vollmachten aus. In der

Folge präsentiert er sich mit großem propagandistischen Aufwand als „Retter des Vaterlandes" und beginnt mit der Verwirklichung seiner angekündigten „neuen Ordnung". Er errichtet ein autoritäres Regime, zu dessen Hauptfeinden Kommunisten, Freimaurer und Juden erklärt werden. In Frankreich leben damals etwa 300 000 Juden, von denen die Hälfte französischer Nationalität ist.

27. 9. 1940 Die in Frankreich lebenden Juden müssen sich registrieren und zählen lassen. Bis auf wenige Ausnahmen, die der Aufforderung zur Zählung mit Mißtrauen begegnen, kommen die Juden der Weisung nach.

3. 10. 1940 Die Juden französischer Nationalität werden einem „Statut" unterstellt und von allen öffentlichen Ämtern, der Armee, dem kulturellen Bereich und den Medien ausgeschlossen. Um schließlich jeden „israelitischen Einfluß in der nationalen Wirtschaft" zu unterdrücken, können Juden gehörende Unternehmen „arisiert" werden. Was die ausländischen Juden betrifft, so beginnt man, sie in speziellen Lagern zu internieren. Im Sommer 1941 befinden sich bereits 40 000 in französischen

Lagern, von wo aus sie später in die deutschen Vernichtungslager deportiert werden.

7. 6. 1942 Alle Juden, die älter als sechs Jahre sind, müssen den gelben Stern tragen. Der Zugang zu allen öffentlichen Orten (Cafés, Kinos, Theater, Schwimmbäder, Parks etc.) wird ihnen verboten. Einkäufe dürfen nur noch zu einer bestimmten Stunde nachmittags erledigt werden, wenn in den Geschäften in der Regel nichts mehr vorhanden ist. Obwohl die französische Regierung proklamiert hat, daß alle französischen Juden ihrem Schutz unterstünden, d. h. nicht verhaftet würden, erreicht es die deutsche Besatzungsmacht, daß französische Polizisten am 16. und 17. Juni die „Operation Frühlingswind" durchführen, in deren Verlauf 12 884 Männer, Frauen und Kinder in Paris verhaftet und zunächst ins Vélodrome d'Hiver (ein Radrennstadion) und nach Drancy gebracht werden. Von dort aus werden sie später nach Auschwitz deportiert. Unter der Kontrolle des französischen Staates beginnen ab August 1942 auch Razzien auf Juden in den unbesetzten Zonen. Insgesamt werden zwischen 1942 und 1944 mindestens 75 721 Men-

schen, darunter 10 000 Kinder und Jugendliche, in die Vernichtungslager deportiert. Nur etwa 2 500, also 3 % der sogenannten „rassisch Deportierten“, kehren wieder daraus zurück.

11. 11. 1942 Die deutschen Truppen besetzen auch die bisher „freie Zone“.

Ab Februar 1943 Auf Anforderung der Deutschen mobilisiert die französische Regierung in der Folge zwischen 625 000 und 700 000 französische Männer für den Zwangsarbeitsdienst nach Deutschland, wo sie vor allem in der Rüstungsproduktion arbeiten. Um sich diesem Arbeitsdienst zu entziehen, gehen Tausende von Franzosen ins „Maquis“ (wörtlich: „Gebüsch“), d. h. in die Illegalität, um sich der französischen Widerstandsbewegung, der „Résistance“, anzuschließen. Diese gewinnt immer größere – auch militärische – Bedeutung: Zu ihren Aktionen gehören Sabotage in Industrie- und Militäranlagen, Attentate auf die deutschen Besatzer etc. Besondere Bedeutung erlangt die „Schlacht der Schiene“, die Sabotage des Zugverkehrs, die die Deutschen vor erhebliche Versorgungs- und Nachschubprobleme stellt.

6. 6. 1944	Beginn der „Operation Overlord“: Britische und amerikanische Truppen landen in der Normandie.
Ab August 1944	Die Deutschen verlieren in heftigen Kämpfen gegen die Truppen der Alliierten oder der Résistance mehr und mehr an Terrain. Am 25. August ist auch Paris befreit, und der inzwischen aus dem Londoner Exil heimgekehrte General de Gaulle wird Chef der provisorischen Regierung Frankreichs.